DON BOSCO
VERLAG

Cordula M. Pertler

KINDER ERLEBEN GROSSE MALER

Modelle für Erzieher, Lehrer und Eltern

Mit 7 Farbdias

Don Bosco Verlag

Die Deutsche Bibliothek – CIP-Einheitsaufnahme

Pertler, Cordula M.:
Kinder erleben große Maler : Modelle für Erzieher, Lehrer und Eltern / Cordula M. Pertler.
– 2. Aufl. – München : Don-Bosco-Verl., 1996
ISBN 3-7698-0701-4

Mit 7 Farbdias

Unter freundlicher Mitwirkung von:
privater Kindertreff Goben
privater Kindergarten Obermenzing
Kindergarten der Landeshauptstadt München, Schlierseestr. 47

2. Auflage 1996 / ISBN 3-7698-0701-4

Umschlag: Alex E. Schmid
Fotos: Peter Osterholzer
Zeichnungen: Reinhold Pertler
Gesetzt in der Times Roman
Gesamtherstellung: Salesianer Druck, Ensdorf

Dieses Buch wurde gedruckt auf umweltfreundlichem Papier.

INHALTSVERZEICHNIS

Vorwort

„Was man nicht erlebt,
hat man nicht verstanden.“

Kiichi Nagaya Roshi

Dieses Buch hat eine lange Geschichte. Erste Erfahrungen zur Kunstbetrachtung mit Kindern, auch mit Vorschulkindern, sammelte ich vor knapp 20 Jahren während meiner Ausbildung zur Erzieherin an der Fachakademie für Sozialpädagogik der Deutschordens-Schwestern in Passau. Diese Eindrücke blieben mir stets in starker Erinnerung und gaben mir Impulse für meine weitere Arbeit mit Kindern und vor allem für meine derzeitige Tätigkeit als Dozentin an der Fachakademie für Sozialpädagogik der Landeshauptstadt München.

Im Laufe der Jahre entwickelten sich wieder neue Ideen, die stets von Kindern und Studierenden in entsprechenden Unterrichtsprojekten mit Begeisterung angenommen wurden. So entstand nach und nach aus den vielen positiven Erfahrungen mit einer lebendigen, ganzheitlich orientierten Kunstbetrachtung die Idee, die gesammelten Erfahrungen und Anregungen in Buchform einem größeren Kreis von Erziehern zugänglich zu machen.

Das Buch wendet sich also an alle, die im Erzieherberuf stehen, aber auch an alle Eltern, die Anregungen für die Kunstbetrachtung mit ihren Kindern suchen.

Das Buch stammt aus der Praxis und ist für die Praxis geschrieben, soll in freier Form zu kreativem Umgang mit den Gemälden berühmter Maler hinführen. Deshalb habe ich bewußt auf eine zu strenge Darstellung nach Lehrplanprinzipien verzichtet. Aus demselben Grund sind Elemente, die in den eigentlichen Kunsterziehungsunterricht gehören, bewußt von mir ausgeklammert worden.

Ganz besonderen Dank möchte ich an dieser Stelle meinen Studierenden aussprechen für ihr Engagement und ihren Ideenbeitrag während mehrerer Jahre gemeinsamen Erprobens und Erlebens der hier beschriebenen Möglichkeiten der Kunstbetrachtung.

Mein ganz herzlicher Dank gilt meinem Mann, Reinhold Pertler, für die vielfältige Unterstützung.

Cordula M. Pertler

Einführung

Vermutlich hat es nie Kinder gegeben, die so sehr in der Lage sind, Bildinhalte und Bildfolgen überaus schnell aufzunehmen und zumindest im Ansatz zu verstehen. Das permanente Medientraining macht es möglich. Vermutlich hat es aber auch nie Kinder gegeben, die so wenig in der Lage sind, bei einem Bild zu bleiben, nachzudenken, zu beobachten, zu hinterfragen, immer wieder zurückzukehren. Ist das die „verschwindende Wirklichkeit"? In diesem Fall das Verschwinden einer verdichteten Wirklichkeit, die Kunstwerke darstellt?

Man muß nur sich selbst erforschen. Unsere Wahrnehmung ist zunehmend verdeckt. Wir wählen mit unseren Sinnen immer mehr nur die Informationen aus, die wir im Augenblick brauchen. Der Raum für „Luxusinformationen" wird immer geringer. Dabei sind gerade sie das Fundament unserer Phantasie, unserer Kreativität, der Boden für Poesie und Träume, für Imaginationen und auch für Ideen.

Kunstwerke sind Kristallisationspunkte, über die wir einen Teil der Verhaltensweisen wieder erlernen könnten, die Kinder noch haben und um die wir sie beneiden.
Diese Fähigkeit, Dinge zum ersten Mal zu sehen, unvoreingenommen und offen, die Bereitschaft, Wertungen zunächst zurückzustellen, weil man eben so neugierig ist, zum Beispiel.

Es braucht aber Zeit. Zeit zum Verweilen, Zeit zum Nachdenken, zum Nachgestalten und Nachspielen. Zeit, Schlüsse zu ziehen. Diese Zeit müssen wir uns nehmen (welcher Ausdruck!) und wir dürfen sie den Kindern geben.

Cordula M. Pertler gibt in diesem Buch eine phantastische Fülle von Anregungen, wie man das machen könnte. Die vieljährige Erfahrung, die Zuneigung zu den Kindern und die Begeisterung für Kunstwerke und Künstler reißen einen mit. Sie ist selbst bewegt und deshalb kann sie uns und die Kinder auch bewegen.

Ich bin sicher, daß dieses Buch im Kindergarten und im Hort, in den Schulen und Heimen und nicht zuletzt in den Familien mithelfen wird, die Kunst wieder wirklich zu machen.

Der Philosoph Schelling verfaßte die Gründungsurkunde der Münchner Kunstakademie. Er schrieb damals, man müßte in die Öffentlichkeit hineinwirken, „auf daß die Kunst im Volk ein Dasein habe".

Genau in diesem Sinne freue ich mich sehr über dieses Buch und wünsche ihm den größtmöglichen Erfolg.

Wir wissen alle, wie prägend frühe Kunstbegegnungen sein können und wie sehr sie ein späteres Kulturverständnis grundlegen.

Das läßt uns hoffen!

Prof. Rudolf Seitz
Prorektor der Münchner Kunstakademie

1 KUNSTBETRACHTUNG MIT KINDERN

Kinder in Galerien und Museen

Viele Erwachsene sehen einen Galeriebesuch mit Kindern als etwas Utopisches an. „Kinder interessieren sich nicht dafür, finden es langweilig, verstehen nichts davon, stören nur andere Besucher ...“ ist leider die Meinung vieler Erwachsener. Gar manche denken an ihre eigenen Kindheitserfahrungen zurück, die nur unangenehme Gefühle zum Thema Museums- oder Galeriebesuch wach werden lassen. Sie erinnern sich vielleicht, daß sie einst von Bild zu Bild geschleift wurden, die Erwachsenen Unverständliches redeten, sie als Kinder still sein, sich ruhig verhalten mußten, obwohl doch diese großen Räume und langen Gänge so geeignete Tobeplätze geboten hätten.

Andere Erwachsene erinnern sich noch an die eindrucksvolle Größe der Gemälde oder an die mächtigen Rahmen, kaum jedoch an das Bild selbst, seinen Inhalt, seine Aussage.

Selten ist es der Fall, daß sich Museumsbesucher für die Betrachtung von nur wenigen Gemälden entscheiden. „Es gibt noch so vieles zu sehen, wer weiß, wann wir wieder Zeit haben, hierher zu gehen, ja, und die Eintrittsgebühren ...“ sind Argumente der Erwachsenen. Sich auf wenige Bilder oder gar nur ein Bild zu beschränken, fordert Konsequenz, Muße und vor allem auch das Gefühl, frei zu sein.

Ganzheitliche Kunsterfahrung geschieht nur, wenn ein Betrachter bereit ist, sich ganz und ausschließlich auf ein einziges Bild einzulassen, so daß eine innere Verbindung mit dem Gemälde hergestellt und das Bild schließlich in der Innenwelt lebendig werden kann. Die Darstellung wird dann zum Medium für eine innere, individuelle Begegnung, je nach Persönlichkeit des Betrachters. Niemand hat dieselben Gefühle, jeder Betrachter fühlt sich auf eine andere Art und Weise angesprochen. Maler verzichten immer wieder auf eine Titulierung des einen oder anderen Werkes, wollen sich auf eine Bildaussage nicht festlegen lassen. Vielmehr sollte der Betrachter selbst zu interpretieren versuchen und zu einem für ihn selbst gültigen Titel finden.

Kinder bringen alle Voraussetzungen mit, um sich auf ein Bild leichter als ein Erwachsener, ohne Vorurteile einzulassen, wenn dazu nur die richtigen Situationen und Rahmenbedingungen gefunden oder auch geschaffen werden.

Wir Erwachsenen schauen häufig über die Bilder hinweg, anstatt zu betrachten, ignorieren eher die besonderen Eindrücke und Stimmungen, die beim Betrachten eines Bildes entstehen. Die weitverbreitete hektische Lebensweise fördert die mentale Einstellung raschen Konsums, der immer wieder neue, wechselnde Reize braucht. Selbsterfahrung und Selbstbegegnung bei einer Bildbetrachtung erfordern genau das Gegenteil: Hinschauen und sich einlassen, sich selbst spüren bei der Bildbetrachtung, dann wird – über die „Resonanz unseres ganzen Wesens“ – das tiefe, lebendige Erfassen des Bildes so wie es individuell stimmig ist, möglich.

Erwachsene können diesbezüglich am Verhalten von Kindern lernen. Kinder sind offen und frei. Ein angeborenes Neugierdeverhalten, der elementare Wunsch, neues zu erfahren und zu entdecken, erleichtert sehr das Vorhaben einer Bildbetrachtung oder eines Galeriebesuches. Kinder sind unvoreingenommen und sehen Bilder mit anderen Augen und Maßstäben als ein Erwachsener.

Bilder haben für Kinder mehr noch als für Erwachsene öffnende Funktion, schließen Erlebniswelten auf, lassen Stimmungen, Abenteuerlust und Phantasien wach werden.

Kinder bemerken sehr häufig auch kleine Dinge auf einem Gemälde, die sie innerlich berühren, vom Erwachsenen aber gar nicht registriert werden. Kinder können leichter ein Bild lebendig werden lassen, sie entdecken eher noch Handlungen und Geschichten auf einer Darstellung. Sie lassen ihren Blicken, Gefühlen und Phantasien freien Lauf und erwecken die Bilder zum Leben.

So gilt für sie ganz besonders das Wort von Picasso:

„Ein Bild wird nur durch die Person lebendig, die es betrachtet.“

Durch geeignete Fragen zum Bild wird die kindliche Phantasie geweckt und entfaltet. Nicht wenige Erwachsene können so durch das gemeinsame Betrachten des Bildes mit einem Kind sogar selbst profitieren, haben so vielleicht erstmals die Möglichkeit, mit den Augen, der Seele eines Kindes, zu neuen Wegen der Kunstbegegnung, zur lebendigen Interpretation eines Bildes zu gelangen.

Die meisten Kinder malen sehr gerne. Noch bevor das Kind richtig sprechen lernt, greift es zu Papier und Stift oder Farbe. Es kann sich auf diese Art und Weise der Umwelt mitteilen. Ein Bild zu malen ist eines der ersten Ausdrucksmittel des Kindes. Es teilt dem Erwachsenen in verschlüsselter Form seine Ängste, Nöte, aber auch seine schönen Erlebnisse und Phantasiewelten mit. Der Erwachsene hat seinen eigenen „Code“ des innerseelischen Ausdrucks, den er als Kind hatte, oft vergessen. Nichts liegt also näher, als das Kind mit Gemälden anderer und auch mit Gemälden großer Künstler zu konfrontieren, diese Werke als Ausdrucksmittel dem Kind erfahrbar und erlebbar werden zu lassen.

Bilder sprechen Kinder auf natürliche Weise an, besonders auch dann, wenn sie farbenfreudig sind, wenn einfache Farben und Formen im Vordergrund stehen.

Kinder malen in der Regel nicht naturgetreu. Die Farben werden je nach Stimmung gewählt. So kann ein Pferd z.B. gelb, rot oder blau, je nach innerer Verfassung gemalt werden. Meist sind die Bilder flächig gehalten, ohne Perspektive.

Parallelen dazu gibt es in der künstlerischen Darstellung nicht nur bei der Farbwahl, sondern auch bei der Wahl der Proportionen. Was dem Maler wichtig ist, tritt perspektivisch in den Vordergrund. Kinder malen ebenso aus einer subjektiven Verteilung von Wertigkeiten heraus. So wird zum Beispiel ein Haus klein dargestellt, ein Mensch oder ein Kind sehr groß. Oder es werden psychodynamische Beziehungen in Größenverhältnissen ausgedrückt, etwa wenn bei einer Hundephobie das Kind sich selbst sehr klein abbildet, den Hund sehr groß.

Ziele des Buches

Das Buch zeigt Methoden auf, wie ein Bild „erarbeitet" und durch verschiedene Vertiefungsmöglichkeiten zum Erlebnis für Kinder und Erwachsene werden kann.

Die Bildbetrachtung und Interpretation selbst sollte zu einem besonderen Ereignis für das Kind werden, so daß Phantasie und Einfühlungsvermögen ausgelebt werden können. Eigene Erlebnisse und vorhandenes Wissen beim Kind sollen in Bezug zum Gemälde eingebracht werden.

Rudolf SEITZ beschreibt dazu folgende *„methodische Überlegungen"*[1]:

> „Zur Entschlüsselung des Themas werden im Gespräch die Erfahrungen und Erinnerungen der Kinder aktiviert. Die Kinder werden angeregt, zu überlegen und zu kombinieren. Der Inhalt wird erlebt.
>
> So ähnlich können viele Bildbetrachtungen ablaufen. Dabei geht es nicht nur um Kunstwerke. Fotos, Abbildungen in Katalogen, Häusern, Räumen können erfahren und anschaulich gemacht werden.
>
> Der Ablauf sieht in diesem Falle so aus: Am Beginn steht das Betrachten des Bildes oder Objektes. Es folgt ein Gespräch, bei dem der Erzieher nicht als interpretierender Dozent auftritt, sondern durch Fragen Denkvorgänge auslöst und führt. Wenn die Kinder nicht weiterkommen, hilft er wieder mit. Er ist selbst auch Betrachter mit den Kindern zusammen. Dieses Gespräch führt vielleicht direkt zur bildnerischen Auseinandersetzung, die das Gespräch und den Inhalt noch einmal verdeutlicht ...
>
> Das Gespräch kann aber auch zu ausführlichen Experimenten führen ..."

Diese lebendige Betrachtung und Interpretation über ein Gespräch ist also nur Ausgangspunkt, Schwerpunkt wird immer das „Erleben" des Bildes aus verschiedenen Standpunkten sein, das besonders für die Arbeit mit Kindern wichtig ist. Unter „Erleben" des Bildes verstehe ich, daß das Kind die Möglichkeit hat, die Eindrücke einer Bildbetrachtung auch über einen längeren Zeitraum hin zu verarbeiten, so daß immer mehr zur Bildaussage gehörende Lebensaspekte miteinbezogen werden können. In der Waldorfpädagogik z.B. wird ein Thema über Wochen bearbeitet, Kinder erleben in diesem langen Zeitabschnitt das Thema mehr und mehr ganzheitlich. Der Erwachsene schafft in diesem Zeitraum immer wieder entsprechende Situationen und Angebote.

[1] Aus SEITZ, Rudolf: „Kunst in der Kniebeuge", Don Bosco Verlag München, S. 108

Das Gemälde selbst ist in den meisten Fällen „nichts zum Anfassen“, zur Betrachtung muß fast immer ein räumlicher Abstand eingehalten werden. Dies entspricht nicht dem kindlichen Naturell. Ein Kind begreift im wörtlichen Sinne erst etwas durch das Berühren, das *Begreifen.* Maria Montessori etwa spricht immer wieder darüber, daß sich das Wissen des Kindes primär durch das Erleben über die Sinne erweitert.

So wird es wichtig, die „Berührung“, die mit den Gegenständen auf dem Gemälde nicht direkt möglich ist, über kindliche Betätigungsformen herzustellen. Tanzen, Rollenspiel, Malen, Gestalten mit den verschiedensten Materialien, Umsetzung des Bildes in Musik, Klänge oder Geräusche, bieten sich geradezu als Methode an, das Gemälde zu einem Erlebnis zu machen.

Weiterführende Tätigkeiten bedeuten auch eine Umsetzung des Phantasieerlebnisses in die reale Welt, in reale Situationen.

Ein Beispiel: Bei „Kind mit Taube“ von Picasso (das Umschlagbild) kristallisiert sich bei einer Interpretation des Bildes mit den Kindern heraus, daß Menschen und Tiere in Harmonie miteinander leben können. Oder es wird klar, daß manche Tiere, wie z.B. unsere Vögel im Winter, auch auf die Hilfe von Menschen angewiesen sind. Diese Gesprächsinhalte werden im konkreten Tun dadurch realisiert, daß man mit den Kindern Vögel im Garten oder Park füttert.

Ein weiteres Thema bei der Interpretation des Bildes könnte das Verhältnis des Kindes zu Spielsachen und Haustieren sein (im linken unteren Bildrand ist ein Ball gemalt, nicht mehr ganz zu sehen). Das Kind hält eine Taube in der Hand, interessiert sich also mehr für das Lebewesen als für das Spielzeug. Daraus ergibt sich sicherlich das Gespräch, wie unterschiedlich man mit Spielzeug, mit einem Ball und mit Tieren umgeht. Der Erwachsene lenkt das Gespräch auf die eigenen Tiere der Kinder, oder Tiere, die diese kennen, die in ihrer unmittelbaren Nähe sind. Der Erwachsene läßt die Kinder so ihr Verhalten erspüren, er schafft einen Transfer zum Alltag der Kinder.

Das Buch will also:

- Kinder, Jugendliche und auch Erwachsene zu einem neuen, lebendigen, ganzheitlichen Kunstverständnis hinführen.
- Scheu, Schwellenangst vor Galerien und Museen nehmen und Freude an der Kunstbegegnung wecken.
- Kinder über das vertiefte, erweiterte Kunsterleben einen Zugang finden lassen zur Welt der Erwachsenen.
- Verständnis für „Kunstwerte“ wecken: Ein Gemälde kann so als eigener Schatz empfunden werden, der durch das individuelle Interpretieren und Erleben der Betrachter gehoben worden ist.
- Phantasie und Kreativität anregen durch die Betrachtung und Verinnerlichung des Gemäldes.
- über das Erleben der Bildinhalte soziales und emotionales Verhalten bei Kindern fördern und bereichern.
- hinführen zu ästhetischem Empfinden: Die Sensibilität für das Sinnlich-Schöne entwickeln durch Sinnesschulung und durch die konkrete Umsetzung im bildnerischen Gestalten, im Tanzen usw.

Darüber hinaus gibt das Buch zahlreiche Anregungen und Informationen für verschiedene Galerie- und Museumsbesuche. Es soll motivieren, die nähere Umgebung mit ihren Kunstschätzen zu erforschen oder auch zu einem Besuch in einer Wanderausstellung, wie es sie manchmal in kleineren Städten gibt, anregen. Kirchen, Schlösser, Rathäuser und Heimatmuseen in kleineren Orten bieten ebenfalls eine Fülle von Schätzen, um eine Entdeckung machen zu können und Kinder für Malerei zu begeistern. Diesen Möglichkeiten ist ein eigenes Kapitel am Schluß des Buches gewidmet.

Methoden

Die Auswahl des Bildes

Man braucht nicht unbedingt Bilder von großen Meistern in unmittelbarer Nähe zu haben. Große Meisterwerke sind im Original meist nur in den Großstädten zu finden, man kann sich aber jederzeit einen Kunstdruck nach Hause oder in den Gruppenraum bzw. ins Klassenzimmer holen.
Zur Durchführung der folgenden Anregungen kann ein Kunstdruck in entsprechender Größe, natürlich auch ein Bild aus einem Buch verwendet werden. Sehr gut eignen sich auch *Kunstdrucke in Posterformat,* die es in verschiedenen Qualitäten und Preisklassen gibt. In vielen Museen und Galerien, können *Dias* von Gemälden gekauft werden.[2]
Dias eignen sich sehr gut für eine Betrachtung, da der verdunkelte Raum viele Störfaktoren ausschaltet und das hell erleuchtete Bild sofort die Aufmerksamkeit des Betrachters (Kindes) auf sich zieht. Deshalb sind auch diesem Buch die besprochenen Bilder als Dias beigelegt.
Sie können aber auch Kunstkalender, die man von Firmen und Banken eventuell geschenkt bekommt, sammeln und somit leicht im Laufe der Zeit einen größeren Fundus an Bildmaterial anlegen.
Schon bei der Auswahl des Gemäldes müssen viele Aspekte berücksichtigt werden, damit die Kinder einen Bezug zur gegenwärtigen Lebenssituation oder Entwicklungsphase erfahren können. Hier beispielhaft einige Hinweise und auch Fragen, die man sich in diesem Zusammenhang vorlegen sollte:

- Wähle ich ein Gemälde mit gegenständlicher Darstellung, oder wage ich mich an ein abstraktes Bild, nehme ich ein Kunstwerk aus der neueren Zeit, oder eines aus der Zeit der alten Meister?

Wenn diese Art der pädagogischen Arbeit für Sie neu ist, beginnen Sie erst einmal mit einer gegenständlichen Darstellung, egal aus welcher Zeitepoche und prüfen Sie, ob das Ge-

[2] Beispiel München: Dias von zahlreichen Gemälden sind in der Städtischen Galerie im Lenbachhaus und in der Neuen Pinakothek für DM 3,50 und DM 4,00 zu erstehen.

mälde einen tieferen Sinn für die Betrachtung mit Kindern abgeben könnte.

- Von Bedeutung ist auch der Bezug des Gemäldes zur momentanen Situation des Kindes und zur Jahreszeit, zum Jahreskreis.

Bei Claude Monets „Seerosen" etwa wird es den Kindern im Winter schwerfallen, auf die Sommersituation einzugehen und die vielen Ideen zur Vertiefung würden sich wohl kaum realisieren lassen.
Arcimboldos „Der Sommer", „Der Herbst" (oder „Vertumnus") z. B. eignen sich sehr gut für die Zeit im Sommer und Herbst, wo es Früchte in Hülle und Fülle gibt und Themen wie Erntedank und ähnliches in Kindergarten oder Schule behandelt werden.
In der Vorweihnachtszeit, auch schon um St. Martin, kann anhand Picassos „Kind mit Taube" das hier aktuelle Thema „Helfen und Teilen" erarbeitet werden.
Der „Goldfisch" von Paul Klee bietet eine gute Möglichkeit, das Thema „Außenseiter" oder „Ein neues Kind kommt in die Gruppe / Klasse" zu bearbeiten.

Vorbereitung der Kinder auf den Museumsbesuch

Die Kinder sollen entsprechend früh und ausführlich auf den Besuch eines Museums oder einer Galerie vorbereitet werden. Eventuell kann schon zuhause das Bild gezeigt werden, das dann gemeinsam in der Galerie gesucht und betrachtet wird. Besprechen Sie den Tagesablauf und die Verhaltensregeln. Das gilt auch für die Fahrt zum Museum. Dadurch bekommen die Kinder Sicherheit, und der Ausflug muß nicht schon mit Ärger, Schimpfen oder gar Weinen beginnen.
Erklären Sie den Kindern die Funktion und Bedeutung der Alarmanlage, auch das Kästchen für die Klimaanlage und natürlich, wie man sich im Museum zu verhalten hat. Auch die Aufgabe des Museumswärters ist für die Kinder wichtig zu wissen. Ein Gespräch mit ihm wird für die Kinder interessant sein.
Planen Sie als Erzieher auch die Mütter und Väter als Begleitpersonen zum Museumsbesuch ein, besprechen Sie vorher mit ihnen den Tagesablauf. Vielen Eltern mag es als ungewöhnlich erscheinen, wenn Sie mit den Kindern nur zwei bis drei Gemälde betrachten und behandeln werden.

Vorbereitung auf die Betrachtung im Gruppenraum

Herrichten des Raumes

Hier empfiehlt es sich, eine bequeme Sitzordnung und Sitzgelegenheit zu schaffen und das Bild dann so zu placieren, daß es für jeden gut sichtbar ist, nicht durch Lichteinfälle spiegelt. Außerdem sollten ablenkende Außenreize so gut als möglich reduziert sein, eventuell störende Objekte entfernt werden, so daß sich der Betrachter auf das Bild konzentrieren kann. Das ist besonders bei Kindern mit der natürlich gegebenen größeren Ablenkbarkeit wichtig.
Bei der Betrachtung eines Kunstdruckes kann der Raum auch abgedunkelt und nur das Bild mit einer künstlichen Lichtquelle angestrahlt werden. Ein als Dia projiziertes Gemälde lenkt generell die Aufmerksamkeit noch

„Fachgespräch" mit dem Aufsichtspersonal

mehr auf sich. Rudolf SEITZ gibt dazu noch folgende praktische Ratschläge[3]:

> „Leider lassen sich die meisten Kindergärten nicht verdunkeln. Bei Diaprojektoren muß deshalb auf eine hohe Lichtstärke geachtet werden.
> Ich arbeite oft mit dem Projektor. Da der eine Raum ebenfalls nicht zu verdunkeln ist, gehe ich so nahe an die Wand heran, daß das Bild zwar klein, aber klar ist. Die Kinder sitzen auf Stühlen oder auf dem Boden um das Bild herum, so daß alle gut hinsehen können. So kann das Gespräch beginnen."

Vorteilhaft ist es, mit einer Aromalampe einen angenehmen Duft zu verbreiten und somit die Atmosphäre positiv zu beeinflussen, die Aufnahmebereitschaft zu erhöhen.

[3] Aus SEITZ, Rudolf: „Kunst in der Kniebeuge", Don Bosco Verlag München, S. 108

Vorbereitung durch den Erwachsenen

Folgende Punkte sind wichtig:

- Kunstdruck oder Dia besorgen.
- Der Erwachsene betrachtet das Bild zunächst für sich selber, versucht es selbst zu beschreiben und zu interpretieren; er findet so zur zentralen Aussage des Bildes und entwickelt auf diese Weise Ziele für die Betrachtung mit den Kindern.
- Informationen über den Maler einholen.
- Fragen zum Bild aufschreiben, die man den Kindern stellen kann.
- Das Prinzip der kindlichen Aktivität schon von Anfang an für das Bildgespräch miteinplanen. Ein bloßes Gespräch über ein Gemälde ist eine eher trockene Angelegenheit. Die Kinder müssen sich dabei sehr stark konzentrieren, über einen längeren Zeitraum stillsitzen, es wird zu einseitig nur der kognitive Bereich der Kinder ange-

sprochen. Diese Situation kann durchaus aufgelockert werden, indem man die Kinder nicht nur durch Fragen geistig aktiviert, sondern auch zum körperlichen Ausdruck anregt.

Beispiele: Fordern Sie z.B. die Kinder auf, wie ein Pferd zu schnauben oder zu scharren, wenn ein Pferd im Bild vorkommt. Die Bewegungen der Bäume im Wind oder das Aufblühen einer Seerose können mit dem ganzen Körper oder nur mit den Händen nachvollzogen werden.

– Den Transfer zum Alltag des Kindes herstellen.

Damit ist folgendes gemeint: Der Inhalt, die Problematik des Bildes ist mit den Kindern besprochen worden. Jetzt können Sie zu den Problemen oder Erlebnissen der Kinder im Alltag einen Bezug schaffen und gemeinsam Lösungsmöglichkeiten erarbeiten.

Beispiel: Bei Paul Klees „Goldfisch" geht es bei der Betrachtung um einen Fisch, der anders ist als alle anderen, ein Außenseiter. Die Situation auf dem Bild kann nun benutzt werden, ein eventuelles Außenseiterproblem in der Kindergruppe anzusprechen, Lösungsformen zu besprechen und den Kindern klarzumachen.

Einstiegsmöglichkeiten zur Betrachtung eines Bildes

Einen spannenden Einstieg zur Betrachtung des Bildes kann man mit einer der folgenden Methoden schaffen:

– Der Erwachsene verhüllt das aufgestellte oder aufgehängte Bild mit einem Tuch, bevor die Kinder den Raum betreten. Die Kinder raten, was sich wohl darunter verbergen könnte. Ein Kind darf dann das Bild enthüllen.
– Eine Papprolle, die einen Kunstdruck enthält, wird in der Kindergruppe herumgegeben. Alle rätseln, was wohl darin sein könnte. Gemeinsam wird der Kunstdruck dann ausgepackt und aufgehängt.
– Der Erwachsene bringt einen realen Gegenstand mit, der auf dem zu betrachtenden Bild zu sehen ist. Bei „Kind mit Taube" von *Picasso* wäre dies etwa ein Ball, der in der Gruppe herumgegeben wird. Dabei haben die Kinder noch die Augen geschlossen, konzentrieren sich auf das Fühlen und Raten des Gegenstandes.
– Eine Variation für kleinere Kinder: Der Gegenstand (z.B. der Ball) liegt in einem Körbchen, mit einem Tuch bedeckt. Die Kinder fühlen und raten. Dabei steht das Körbchen in der Mitte des Kreises und die Kinder gehen nacheinander, eventuell nur durch Blickkontakt aufgefordert, zum Körbchen.

  Anschließend stellt der Erwachsene eine Überleitung zum Bild her, projiziert das Bild an die Wand oder läßt dieses enthüllen.
– Der Kunstdruck wurde schon vor der Betrachtung vom Erwachsenen auf einen Karton oder eine Spanplatte aufgezogen. Ein Bogen blanker Karton in der Größe des Kunstdruckes wird dann in Puzzleteile zerschnitten und damit das am Boden oder Tisch liegende Bild belegt. Die Kinder sehen zunächst nur das vollständig mit Puzzleteilen bedeckte Bild. Nacheinander

darf jeweils ein Kind ein Puzzleteil entfernen. Der aufgedeckte Bildausschnitt weckt die Neugierde des Betrachters, regt zum genauen Hinschauen und zum Gespräch an.

- Die Kinder werden bereits vor dem Betreten des Raumes darauf hingewiesen, leise hineinzugehen und sich einen Platz zu suchen. Sie setzen oder legen sich bequem auf den Boden, hören erst einmal klassische Musik oder Meditationsmusik, bevor Sie mit der Bildbetrachtung beginnen. Dies entspannt schulgestreßte Kinder, so daß sie sich um so aufnahmebereiter einem schönen Gemälde widmen können. Hier einige Musikbeispiele:

Musik zur Entspannung

a) Klassik

Adagio-Sätze aus
Ludwig van Beethoven:
Sonate für Klavier und Violine, No.3
Sonate für Klavier und Violine, No.7
Klavierkonzert Nr. 5, 2. Satz
Sonate für Klavier und Violine, No. 6
Streichquartett No. 5, Andante Cantabile
Streich-Trio „Serenade", op.8

Tommaso Albinoni:
Adagio

Franz Schubert:
Streichquintett C-Dur, D 956

Wolfgang Amadeus Mozart:
Klavierquartett, KV 478, Andante
Klarinetten-Quintett in A, K 581, Larghetto

b) Meditationsmusik (instrumental)

Deuter: Celebration * Haleakala * Aum * Ecstasy * Cicada * Call from the Unknown * Nirvana Road

Kitaro: Silk Road (Doppel-Album) * Ki * Ten Kai * Tun Huang * Oasis

Anugama: Silent Joy * Classic Fantasy * Open Sky * Morning Breeze * Spiritual Environment (Healing) * Floating Gently * Like the Ocean

Kamal: Blue Dawn

Tony Scott: Music for Zen-meditation * Music for Yoga-meditation

George Zamfir: Flute de Pan et Orgue (Panflöte und Orgel)

Hinweise zur Gesprächsgestaltung

Zu Beginn sollten Sie unbedingt mit den Kindern vereinbaren, daß nicht alle auf einmal sprechen, vielleicht jedes Kind sich erst melden sollte, wenn es etwas sagen will.
Besonders wichtig ist es, alle Antworten der Kinder gelten zu lassen. Die Kinder entdekken vieles und haben andere Assoziationen als der Erwachsene.
Stellen Sie die Fragen so, daß nicht nur mit „ja" oder „nein" geantwortet wird, sondern die Kinder aufgefordert sind, in ganzen Sätzen zu sprechen. Sie können die Kinder auch bitten, noch einmal genauer hinzuschauen, oder ein Gemeinschaftsgespräch anregen, also etwa fragen: „Was meinst du zu dem, was die Eva gesagt hat?"

Ausführlichere Beispielfragen finden Sie im Verlauf der einzelnen Bildbetrachtungen. Diese Fragen sollen nur ein Anhaltspunkt sein, einen Einblick geben in die vielseitigen Möglichkeiten der Themenerarbeitung und einen lockeren Faden für die Gesprächsführung geben. Sie stellen kein allgemeingültiges Rezept dar, die Reihenfolge läßt sich auch nicht immer konkret planen. Kinder antworten spontan und je nach Vorwissen und Assoziationen entsprechend anders. Da die Phantasie der Kinder keine Grenzen kennt, wird es immer wieder notwendig sein, zum eigentlichen Thema mit entsprechenden Fragen zurückzuführen.

Abschlußmöglichkeiten der Bildbetrachtung

Im Verlauf der Bildbetrachtung wird das Gemälde analysiert, in viele Einzelheiten zerpflückt. Deshalb ist es wichtig, das Bild am Ende der Betrachtung wieder als Ganzes zu sehen. Eine einfache Methode der Zusammenfassung und Synthese ist, die Kinder einen *Titel für das Bild* finden zu lassen. Jedes Kind soll sich äußern können und seinen eigenen Titel nennen. Dabei ist es oft erstaunlich, wie treffend und mit wie wenigen Worten Kinder die Kernaussage des Bildes wiedergeben können. Auf alle Fälle sollte, falls nicht schon eingangs erwähnt, der Original-Titel abschließend vom Erwachsenen genannt werden.
Kindern, die bereits lesen können, macht es Spaß, die Signatur, das Monogramm des Malers zu entschlüsseln. Vorschulkinder fragen sehr häufig, was die Signatur heißen könnte. Sie sind es gewohnt, aus Bilderbüchern vorgelesen zu bekommen und wollen genau wissen, was dort steht.
Bei den Aktionen zur Vertiefung können die Kinder angeregt werden, eine eigene Signatur, ihr Monogramm für ihre Werke, zu erfinden.
Finden Sie danach selbst eine Überleitung zur praktischen Vertiefung. Falls diese nicht gleich im Anschluß angeboten wird, geben Sie einen Ausblick auf Ihr Vorhaben, die Kinder werden sich freuen.
Einen Abschluß für die erste Auseinandersetzung mit dem Gemälde bildet das gemeinsame Suchen eines Platzes für das Bild und das Aufhängen. So können es die Kinder nach Lust und Laune immer wieder und auch alleine betrachten. Falls ein Dia des Bildes gezeigt wurde, könnten Sie eine Kunstpostkarte des Gemäldes aufhängen.

Vertiefungsmöglichkeiten

Grundsätzliche Hinweise zur Vertiefung
In jedem Kapitel werden zu den einzelnen Bildern geeignete und erprobte Vertiefungsmöglichkeiten aufgeführt. Wählen Sie einige der angebotenen Möglichkeiten, so wird das Gemälde zu einem Erlebnis für das Kind. Sicher haben Sie auch selbst noch Ideen. Belassen Sie es also nicht bei einer einmaligen Aktion, sondern greifen Sie das Thema mehrmals auf. Passen Sie die angegebenen Vertiefungsmöglichkeiten den Bedürfnissen und Fähigkeiten Ihrer Kinder an. Die Gemälde

können durchaus auch öfter und auch von den Kindern alleine betrachtet werden. Es ist sehr wahrscheinlich, daß jedes Mal andere Dinge auf dem Bild entdeckt werden, jedes Mal andere Aspekte für den Betrachter wichtig sind, je nach Stimmung und Verfassung.
Bei der Vorbereitung des Materials zur Vertiefung müssen die Selbständigkeit und der Aktivitätsdrang des Kindes beachtet werden. Nichts vorbereiten, was die Kinder nicht selbst oder unter Anleitung ausführen können! Kinder sind leicht zu begeistern, wenn es um das Sammeln von Material geht, oder um die Vorbereitung eines Arbeitstisches. Auch beim Aufräumen sind die Kinder stets willig, wenn man ihnen Hinweise und Tips gibt, was wohin wieder aufgeräumt gehört oder wer welche Arbeiten erledigen darf.

Bildungsbereiche

Bei den Vertiefungsmöglichkeiten sollen alle Bildungsbereiche angesprochen werden, um eine ganzheitliche ästhetische Erziehung zu ermöglichen:

Der emotionale Bereich
Der Umgang mit Gefühlen wird zunächst stellvertretend durch die Bildbetrachtung geübt. Jedes Kind identifiziert sich auf einzigartige Weise mit Elementen des Bildes, wird dadurch auch unbewußt mit inneren Kräften und emotionalen Reaktionsmöglichkeiten in Kontakt kommen, erfährt verschiedene Möglichkeiten, mit Gefühlen umzugehen, sowohl durch die Anleitung des Erwachsenen als auch durch das Beispiel anderer Kinder. Der so aktivierte Umgang mit Gefühlen und inneren Bildekräften setzt sich dann noch im Rahmen der Vertiefung auf vielfältige Weise fort. Auch die Freude an den verschiedenen Tätigkeiten kann in positiver Weise im ganzen Gefühlsbereich weiterwirken.

Die kognitive Entwicklung
wird gefördert durch das genaue Betrachten von Bildern, bei dem die Fähigkeiten des Benennens, Identifizierens, Beschreibens und auch Ordnens geübt werden. Die Kinder üben das logische Denken beim Finden von Antworten, Bezügen und Schlußfolgerungen.

Sprachlicher Bereich
Der sprachlich-kreative Bereich wird trainiert durch die Beschreibungsversuche bei der Bildbetrachtung, auch durch das Erfinden und Schreiben von Märchen. Sprachlicher Ausdruck wird ebenso geübt im Rollenspiel und bei Theateraufführungen. Durch die vielen neuen Begriffe, die sich bei der Bildbetrachtung ergeben, vollzieht sich automatisch eine Wortschatzerweiterung.

Im psychischen Bereich
werden eigene Erlebnisse, Erfahrungen, Eindrücke und auch Konflikte angesprochen, berührt, eventuell auch verarbeitet.

Im sozialen Bereich
werden Einfühlungsvermögen, Verantwortungsbewußtsein gegenüber Mensch und Tier, die Fähigkeiten, Freundschaften zu schließen oder teilen zu lernen, entwickelt.

Ziele der Selbständigkeit und Selbstsicherheit werden beiläufig verwirklicht durch den in der Bildbetrachtung eröffneten Kontakt mit neuen Lebensbereichen, neuen Erlebens- und Verhaltensmöglichkeiten. Selbstsicherheit wird gefördert durch das Bewußtwerden alternativer Reaktionsmöglichkeiten in den unterschiedlichsten Lebenssituationen, wie sie immer wieder in den Bildgesprächen erarbeitet werden.

Daneben ergibt sich noch ein genereller, die Selbständigkeit fördernder Effekt durch die „Eroberung der Außenwelt", die Erweiterung des Bezugsraumes für die Kinder durch Museumsbesuche, Ausflüge etc.

Im religiösen Bereich
werden folgende Inhalte angesprochen und gefördert: Achtung vor Mensch, Tier und Natur, vor der Umwelt insgesamt als göttliche Schöpfung.

Bereich Umwelt und Sachbegegnung
Physikalische und chemische Prozesse werden erfahren und verständlich gemacht, z.B. durch Experimente und Kochen. Der sorgfältige Umgang mit der Umwelt wird anhand vieler Beispiele als Notwendigkeit vor Augen geführt.

Der motorische Bereich
wird gefördert durch: Ausdrucksbewegungen, Turnen, Rhythmik, Tanz bei der Umsetzung der Bild-Themen in Bewegungsausdruck.

Kreativ-schöpferisches Gestalten
wird gefördert durch Arbeiten mit zunächst unscheinbarem, wertlosem Material, Naturmaterialien, Modelliermasse, Farben und weiteren Materialien aller Art.

Der musikalische Bereich
wird angesprochen und gefördert durch Singen, Vertonen der Bilder, Spielen mit Instrumenten und Geräuschkörpern.

Hauswirtschaftlicher Bereich
Dieser Bereich wird unterstützt durch das Kochen und damit in Bezug stehende Tätigkeiten.

Therapeutische Ziele
ergeben sich aus diesen Kunsterfahrungen nicht direkt, können aber implizit als Folge einer Bildbetrachtung erreicht werden.
Aus der Psychoanalyse und ganz besonders aus der Transaktionsanalyse und Skriptanalyse[4] ist seit langem bekannt, daß die Umgebungseinflüsse der frühen Kindheit eine verengte Weltsicht erzeugen, die aus verinnerlichten negativen und verzerrenden „Lebens-Botschaften" besteht. Beispiele hierfür sind: „Aus mir wird nie etwas", „Das Leben, die Welt, die anderen sind hart und grausam", „Was immer du selber auch tust, den anderen

---

[4] Über Transaktionsanalyse informiert sehr ausführlich *BERNE,* Eric: „Was sagen Sie, nachdem Sie 'Guten Tag' gesagt haben?", Fischer Taschenbuch.
Knapp und übersichtlich werden Transaktionsanalyse und Skriptanalyse dargestellt in dem Taschenbuch ROGOLL, Rüdiger: „Nimm dich, wie du bist", Herder Freiburg.

geht es doch besser", „Man kriegt nichts Gutes außer durch Kampf" usw.
Jedes Kind, ja auch jeder Erwachsene lebt in gewissem Grad in einer solch unrealistischen Scheinwelt, die sich aufgrund seiner frühen Lebenserfahrungen als Erwartungshaltung in ihm herausgeformt hat. Sind diese im soziokulturellen Umfeld entstandenen Erwartungsmuster sehr negativ geladen, werden externe positive Bezugspunkte und Bezugspersonen im Lauf der Entwicklung besonders wichtig. Jedes Kind braucht im Lauf seines Erwachsenwerdens immer wieder auch neue positive „Ankerpunkte", die es erfahren lassen: „Das Leben ist auch noch anders", es gibt auch positive Erfahrungen und Begegnungen, es gibt noch andere Lösungs- und Reaktionsmöglichkeiten, als ich sie in meiner ersten Lebensumgebung kennengelernt habe.
Es ist also enorm wichtig, daß Erzieher dem Kind neue, positive und eventuell auch befreiende alternative Lebenseinstellungen vermitteln können.

Ähnlich wie bei der Märchenarbeit mit Kindern, die viel zur Aufarbeitung unerledigter Konflikte beitragen kann[5], wird auch eine ganzheitliche Kunsterfahrung therapeutische Veränderungen bewirken, wenn die psychologischen Vertiefungsmöglichkeiten geschickt und sensibel eingesetzt werden.
Märchen dienen ganz hervorragend als Projektionsfläche für die unbewußten Ängste, Befürchtungen, Wünsche und Konflikte aber auch Entfaltungsmöglichkeiten eines Kindes. In gleicher Weise können, bei geschickter Führung, Gemälde als Projektionsfläche dienen und so diagnostische Einblicke geben, implizit therapeutische Veränderungen möglich machen.
Für den expliziten Einsatz von Kunst zur Therapie mit Kindern, der natürlich ein besonderes Interesse und eventuell auch eine Ausbildung voraussetzt, empfehle ich das Buch von Gertraud Schottenloher: „Kunst- und Gestaltungstherapie – eine praktische Einführung", Kösel-Verlag.

---

[5] vgl. dazu SCHMIDT-KARAKATSANIS, Renate: „Mit Märchen durchs Jahr", Don Bosco Verlag München.

2 WASSILY KANDINSKY

„Reitendes Paar“ (1907), Städtische Galerie im Lenbachhaus, München

Ziele der Bildbetrachtung

Die Kinder entwickeln an diesem Bild besonders ihre Phantasie und ihr Einfühlungsvermögen. Sie können hier in ihre innere Märchenwelt eintauchen und dabei ihre Sehnsüchte und Wünsche durch die Identifikation mit der Darstellung und der Bildaussage verarbeiten. Die Kinder üben, sich sprachlich frei zu äußern, und haben die Möglichkeit, sich in der Märchensprache auszudrücken.
Hinführung der Kinder zur Kunst und Wissenserweiterung in bezug auf den Maler Wassily Kandinsky.

Bildbetrachtung

Vorbereitung

Raum vorbereiten wie im 1. Kapitel unter „Methoden“ beschrieben (S. 16f).

Material:
Kunstdruck oder Dia, Schreibzeug oder Tonband.

Einstieg

Wählen Sie eine Einstiegsmöglichkeit aus dem 1. Kapitel (S. 18f).
Die Antworten der Kinder können aufgeschrieben oder aufgenommen werden. Daraus können die Kinder einige Tage später eine Geschichte schreiben, in der ihre Interpretation des Märchens zum Ausdruck kommt. Im Kindergarten könnte diese Erzählung dann z.B. im Elternbrief erscheinen.

Durchführung

Beispielfragen[6]
E: Was seht ihr alles auf dem Bild?
K: Ein Pferd – Schimmel – Bäume – einen Mann und eine Frau ...
E: Was ist das für ein Pferd, ist es ein armes?
K: Nein – ein reiches – es ist geschmückt ...
E: Wer kann mir denn die Frau zeigen?

[Ein Kind steht auf und zeigt auf die Frau.]

---

[6] Hier und in allen anderen Kapiteln steht „E“ für „Erwachsener“ oder „Erzieher/in“, „K“ für „Kind“.

„Reitendes Paar“, Wassily Kandinsky (1907)

E: Was hat denn die Frau auf dem Kopf?
K: Eine Krone, wie eine Prinzessin, ja, das ist eine Prinzessin ...
E: Wer kann den Mann zeigen, wie sieht er aus?
K: Wie ein Prinz ...
E: Was macht das Pferd?
K: Es hilft der Prinzessin, dem Prinzen ...
E: Wie sieht das Pferd aus?
K: Schön, es hat eine bunte Decke umgehängt, es ist geschmückt ...
E: Ist dies ein normales Pferd?
K: Ein Zauberpferd, ein Märchenpferd, es kann helfen ...
E: Wie könnte das Pferd helfen?
K: Davongaloppieren, ganz schnell davonlaufen, das Zauberpferd könnte fliegen, oder sich unsichtbar machen ...
E: Wo befindet sich das Paar mit dem Pferd gerade?
K: In einem Wald, in einem Zauberwald ...
E: Nehmen wir einmal an, das Paar mit dem Pferd befindet sich in einem „Zauberwald", woraus könnten die Blätter bestehen? Schaut sie einmal ganz genau an!
K: Die Blätter sind aus Gold, das sind Goldtaler ...
E: Was könnten die Bäume machen, wenn sie dem Paar helfen möchten? Schaut vorne links den Baum an, was macht der mit seinen Ästen wohl?
K: Der Baum beugt seine Äste herab ..., er versteckt die Prinzessin und den Prinzen mit dem Pferd..., die Zweige verschließen den Wald, damit keiner durchkommt ...
E: Welche Tageszeit könnte auf diesem Bild gerade sein?
K: Nacht, Abend ...
E: Was denkt ihr, woher die Prinzessin kommen könnte?
K: Das ist eine Prinzessin aus einem fernen Land ..., die Prinzessin kommt aus dieser Stadt ...
E: Was könnten die beiden gerade machen?
K: Sie sind geflohen, der Prinz hat die Prinzessin entführt. Der Prinz bringt sie in ihre Stadt aus einem fremden Land zurück, er holt sie aus dem Verließ ...
E: Was glaubt ihr, fühlt die Prinzessin gerade, schaut einmal ihr Gesicht genauer an.
K: Sie hat Angst. Sie ist glücklich, weil sie wieder zuhause ist, sie ist froh, daß sie der Prinz gerettet hat. Vielleicht hätte sie einen fremden, anderen Prinzen heiraten sollen ...
E: Was seht ihr noch auf dem Bild?
K: Ein Dorf, eine Stadt ...
E: Ist das ein Dorf oder eine Stadt?
K: Eine Stadt!
E: Habt ihr schon einmal eine so schöne Stadt gesehen?
K: Ja, im Urlaub, im Fernsehen ...
E: Was hat diese Stadt für Dächer?
K: Die sind aus Gold, mit Türmen, mit Ziegeldächern oder vielleicht aus Stroh ...
E: Wo könnte diese Stadt sein?
K: In England, Italien, Regensburg ..., München ist es nicht ...
E: Das ist Moskau. Der Maler hatte eine schöne Erinnerung an Moskau und hat deshalb diese Stadt gemalt. Hat von euch jemand eine schöne Erinnerung an eine andere Stadt, in der er einmal gelebt hat, oder im Urlaub war?
[Die Kinder erzählen vom Urlaub oder Umzug.]

E: Was seht ihr zwischen der Stadt und dem Wald?
K: Ein Wasser, einen Fluß, einen See ...
E: Das ist ein Fluß, genannt Moldau.
Was seht ihr auf dem Fluß? Schaut noch einmal genauer hin.
K: Boote ...
E: Was könnten die Boote machen, warum sind sie bei der Dunkelheit wohl unterwegs?
K: Die fischen, die suchen die Prinzessin, die gerade entführt worden ist. Sie erwarten die Prinzessin zurück und wollen sie ans andere Ufer bringen ...
E: Stellt euch vor, das Bild würde lebendig werden, was könnte man da alles hören, welche Geräusche?
K: Das Pferd: schnauben, wiehern, stampfen.
[Die Kinder dürfen mit den Füßen scharren und das Pferd irgendwie nachahmen. Die Kinder dürfen flüstern, so wie auch das Paar reden würde. Genauso können sie das Rauschen des Flusses, das Rascheln des Laubes am Boden und der Blätter an den Bäumen sowie das Läuten der Glocken der Stadt nachahmen.]

Abschluß

Als Abschluß können Sie den Kindern mitteilen, daß sie zu diesem Bild ein Märchen erfinden und es dann mit einfachen Instrumenten vertonen dürfen.
Gemeinsam wird nun noch ein Titel für dieses Bild und somit gleich ein Titel für das Märchen gefunden.
Der Erwachsene sagt den Kindern, daß der Maler, Kandinsky, dieses Bild „Reitendes Paar" nannte.

Vertiefungsmöglichkeiten

Bild aus dem Gedächtnis malen

Eine einfache Möglichkeit der Vertiefung ist, das Bild abzunehmen, und die Kinder dann aus dem Gedächtnis malen zu lassen.

Kinder erfinden ein Märchen

Eine Geschichte, ein Märchen wird zum Bild entwickelt, aufgeschrieben und dann vertont.

Variante
Der Märchentext wird für alle Kinder kopiert, die ihn dann illustrieren und selbst Bilder zum Text malen. Die einzelnen Seiten werden mit Heftklammern gebunden. Ein Tesaband verstärkt den Rücken.
Alternativ kann man auch die Seiten lochen und mit einem schönem Band zusammenhalten.
So entsteht ein selbstgemachtes Märchenbilderbuch.

Material
Schreibmaterial (Papier und Stift), Tonband.

Durchführung
Der Erwachsene beginnt mit dem klassischen Satz „Es war einmal ...“ und wiederholt einige Aussagen der Kinder von der vorhergegangenen Bildbetrachtung. Die Kinder spinnen die Gedanken weiter und schmücken diese aus. Der Erwachsene gibt Impulse und Hilfen, findet Überleitungen. Das Gespräch wird am besten auf Tonband festgehalten. Falls kein Tonband zur Hand ist, schreibt der Erwachsene mit.
Kinder im Schulalter können im Team zu dritt oder viert dieses Märchen selbständig schreiben, wenn Sie ihnen vorher einige Stichpunkte schriftlich geben.
Als Abschluß wird mit den Kindern das Band angehört beziehungsweise den Autorengruppen gelauscht. Teilen Sie den Kindern dann mit, daß Sie mit ihnen ein anderes Mal dieses Werk auch noch vertonen wollen.

Vertonen des Märchens

Falls Sie mit den Kindern das Bild ausführlich besprochen haben und im Anschluß daran auch ein Märchen erfunden worden ist, sollten Sie das Vertonen des Märchens zu einem späteren Zeitpunkt ansetzen.

Material
Grundlage ist der Text der Kinder, weiter werden benötigt *Orff-* oder *Geräusch-Instrumente* und ein *Tonband.*
Als *Geräusch-Instrumente* eignen sich zum Beispiel:
Ein Eierschneider aus der Haushaltswarenabteilung. Dieser wird auf einen kleine Kartonschachtel als Klangverstärker gestellt. Für Kinder ist das ein *reizvolles Saiteninstrument,* mit dem sich märchenhafte Klänge erzeugen lassen.
Ein *lustiges Saiteninstrument:* An den gegenüberliegenden Kanten einer oben offenen Schachtel 4-5 mal einschneiden, einen Gummiring darüberspannen. Dieses Modell können Sie mit verschieden großen Schachteln und verschieden starken Gummis oder mit Blechdosen variieren.
Für die *Hufgeräusche des Pferdes* kann man z.B. Kokosnuß-Schalen einsetzen, ebenfalls eigenen sich Klanghölzchen aus dem Orff-Instrumentarium.
Für die *Klänge des Pferdegeschirrs* verwendet man am besten den Schellenkranz oder Cymbeln aus dem Orff-Instrumentarium.
Kinder ahmen das *Rauschen eines Flusses* gerne dadurch nach, daß sie mit den Händen Wasser in einer großen Schüssel oder im Eimer bewegen.
Zum *Glockenläuten in der Stadt* wird man verschiedene Glockenspiele einsetzen.

Durchführung
Das Märchen wird in der Gruppe nochmals angehört, die Musikinstrumente stehen verdeckt in einem Korb bereit. Die Kinder holen die Instrumente heraus und probieren sie aus. Gemeinsam werden diese den einzelnen Geräuschen in der Geschichte zugeordnet. Der Erwachsene hilft hier etwas, ebenso bei der Verteilung der Aufgaben. Bei kleineren Kindern liest er auch den Text vor, bei größeren Kindern kann natürlich die Sprecherrolle von einem Kind übernommen werden. Wichtig ist

noch, daß der Erwachsene die Einsätze gibt und die einzelnen Aufgaben koordiniert. Diese Aktion sollte auf alle Fälle auf Tonband aufgenommen und anschließend gemeinsam angehört werden.

Experiment „Glockenläuten“

Die Kinder können die Glokken der Stadt auf dem Gemälde erklingen lassen und lauschen.

Material
Faden oder Wolle, Gabel oder Löffel.

Durchführung
An den Griff des Besteckes wird ein ca. 40 bis 50 cm langer Faden gebunden, so daß zwei gleichlange Enden entstehen. Diese wickelt das Kind um beide Zeigefinger und steckt sie in die Ohren. Nun den Kopf senken und die Gabel an einem Tischbein, Stuhl oder ähnliches, anschlagen lassen. Das Metall vibriert, glockenähnliche Tonschwingungen werden erzeugt, die der Faden direkt in das Ohr leitet.

Die Blätter des Zauberwaldes backen

Dazu Mürbteig (Plätzchenteig) herstellen und die Kinder Plätzchen in Form von Blättern,

Die Kinder präsentieren stolz ihre selbstgebackenen Kunstwerke.

frei nach ihrer Phantasie, mit einem Messer auschneiden lassen. Anschließend mit Eigelb bepinseln und backen.

Ausflug in die Städtische Galerie im Lenbachhaus

Städtische Galerie im Lenbachhaus, München, Luisenstr. 33, Tel. (089) 521041 – 43.
Eintritt: Für Schulklassen und Kindergarten- sowie Hortgruppen in Begleitung von Lehrern und Erziehern frei.
Verkehrsverbindungen: U1 bis Stiglmaierplatz oder U 2 bis Königsplatz.
Für diejenigen Leser, die in München oder in der Nähe wohnen, ist ein Besuch in der Lenbachgalerie geradezu ein Muß. Mit öffentlichen Verkehrsmitteln bequem erreichbar, bietet dieser Ausflug ein wundervolles Erlebnis für Kinder und Erwachsene. Die Villa des Malerfürsten Franz von Lenbach findet man in einem kleinen, südländisch anmutenden Park. Einige private Räume sowie das Atelier des Malers sind gerade für Kinder interessante Sehenswürdigkeiten. Vor allem aber können Sie dort einen großen Teil der Werke Kandinskys finden (auch das „reitende Paar", auf das ich noch näher eingehen werde).
Einige Werke Kandinskys waren im Zweiten Weltkrieg im Keller des jetzt sogenannten „Gabriele-Münter-Hauses" versteckt. Dieses Häuschen, am Rande von Murnau in Oberbayern gelegen, wurde in der Zeit von 1909 bis 1914 von Kandinsky und Gabriele Münter, seiner damaligen Lebensgefährtin, bewohnt. Gabriele Münter rettete diese Gemälde vor den Nationalsozialisten und übergab die Sammlung 1957 als Stiftung an die Landeshauptstadt München.
Bei aller Fülle und Herrlichkeit der Bilder eines nicht vergessen: Mit den Kindern nicht alle Bilder betrachten, nur einzelne herausgreifen. Auf alle Fälle natürlich das eine Gemälde, auf das Sie die Kinder schon vorbereitet haben, intensiv besprechen und betrachten. Und schon vorher auch die Räumlichkeiten bewußt auf sich wirken lassen.
Zum Abschluß suchen sich die Kinder ein Bild aus, das dann als Postkarte gekauft wird.

Ausflug zum Gabriele-Münter-Haus nach Murnau

Wer in der Nähe von München oder gar in der näheren Umgebung von Murnau lebt, sollte auf alle Fälle einen Besuch mit den Kindern im Gabriele-Münter-Haus in Murnau einplanen. Ein solcher Ausflug ist auch eine reizvolle Abwechslung für die im pädagogischen Bereich Tätigen: Anstelle der jährlichen Abschlußfahrten in den Märchenpark, einen Wildpark oder Zoo könnte man einmal etwas Ungewöhnliches unternehmen, nämlich zu diesem Haus eines berühmten Künstlers fahren, wo es noch seinen Originaltisch, sein Bett usw. zu sehen gibt, wo alle Möbel, sogar das Treppengeländer, vom Künstler selbst bemalt wurden.

Hinweise zum Ausflug nach Murnau

Anreise mit dem Zug
Die Fahrkartenbestellung erledigt man am besten durch einen Anruf beim Hauptbahnhof

München, der Schalter für Schulfahrten hat die Telefonnummer (089) 1285333. Die Bestellung eine Woche vorher aufgeben, die Karten können eine halbe Stunde vor der Abfahrt abgeholt werden. Ab 16 Personen gibt es zwei Freiplätze.
Legen Sie sich vor der Bestellung rechtzeitig die nötigen Angaben zurecht: Wieviele Kinder fahren mit, wieviele Erwachsene, Nichtraucherabteil gewünscht, den Namen der Kindertagesstätte oder Schule angeben. Murnau liegt nur eine Zugstunde von München entfernt, die Züge verkehren nahezu stündlich.
Es empfiehlt sich für die Anreise zum Bahnhof noch Verkehrsverbund-Fahrkarten einzusammeln.

Kontakt im Münter-Haus
Telefon (08841) 9305, am Mittwoch, Samstag und Sonntag ab 16.00 Uhr geöffnet. Es ist möglich, einen gesonderten Termin zu vereinbaren.

Organisieren der Begleitpersonen
Welche Erwachsenen fahren als Begleitpersonen mit? Sicher finden sich einige Mütter, die Sie begleiten und unterstützen werden und auch Interesse an der Thematik finden.
Für den Notfall ist es wichtig, noch an Verbandszeug, Kleidung zum Wechseln (für kleinere Kinder) usw. zu denken. Für jedes Kind ein Schild mit Adresse zum Umhängen vorbereiten. Den Fotoapparat nicht vergessen!

Elterninformation
Erstellen Sie auf alle Fälle für die Eltern ein *Informationsblatt,* auf dem die Abfahrts- und Ankunftszeit angegeben ist und auch, wieviel Geld die Kinder brauchen und ob eine Verkehrsverbund-Fahrkarte nötig ist. Bitten Sie darum, daß den Kindern regenfeste Kleidung und natürlich auch eine Brotzeit mitgegeben wird. Besonders wichtig: *Lassen Sie die Eltern auf dem Informationsblatt eine Einverständniserklärung unterschreiben.*

Vorbereitung der Kinder auf den Ausflug
Besorgen Sie sich im Fachhandel Kunstpostkarten mit folgenden Titeln, die Sie dann auf dem Weg durch Murnau zum Vergleich mit den örtlichen Gegebenheiten einsetzen können:

Gabriele Münter, „Das Russen-Haus", 1931
Gabriele Münter, „Spreufuhren", 1911
Wassily Kandinsky, „Kirche in Murnau", 1910
Wassily Kandinsky, „Grüngasse in Murnau", 1909
Wassily Kandinsky, „Murnau – Garten 1", 1910

Sehen sie gemeinsam mit den Kindern vor dem Ausflug Bilder, Fotos von Kandinsky, Gabriele Münter und von Murnau und Umgebung an. Der frei erzählte Lebenslauf der Künstler wird die Kinder nicht nur informieren, sondern sicherlich auch auf das Haus und die Lage neugierig machen.
Für einen reibungslosen Ablauf des Ausflugs ist es wichtig, schon vorher mit den Kindern folgende Punkte zu besprechen: Wie verhalte ich mich bei einem Ausflug in U- oder S-Bahn, im Zug, und dann auch im Münter-Haus, im Café oder auf dem Spielplatz?

Wichtig ist: Nicht nur Verbote erteilen, sondern *erklären,* daß es ein sehr kleines Haus ist, in dem es sehr eng sein wird. Wahrscheinlich werden Sie jetzt schon den Kindern erzählen, daß sie gleich beim Betreten des Häuschens, im Flur, die bemalte Treppe bewundern und danach die oberen Räume betrachten werden. Bei diesem Gespräch werden Sie auch noch einmal mit den Kindern erarbeiten, dort nichts anzufassen, nur mit den Augen zu bewundern.

Weitere beachtenswerte Punkte
Im Zug: Die Fenster bleiben geschlossen, es darf aber gesungen und natürlich Brotzeit gemacht werden. Eine Aufgabenstellung wie z.B.: „Wer sieht die ersten Kühe oder den ersten See?“, verkürzt die Fahrzeit, beugt Langeweile vor und läßt die Kinder die vorbeirauschende Landschaft bewußter aufnehmen. Sicher ist es ein Erlebnis für die kleineren Kinder, wenn jedes persönlich dem Schaffner seine Fahrkarte geben darf. Danach ist es aber ratsam, diese wieder einzusammeln, um sie für die Heimreise sicherzustellen.

Der Besuch im Gabriele-Münter-Haus
Zeigen Sie den Kindern auf dem Weg vom Bahnhof zum Münter-Haus die gemalten Postkarten (die Sie sich vorher im Fachhandel besorgten). Fordern Sie die Kinder zum genauen Beachten der Umwelt auf. Fragen Sie z.B. „Wer von euch kann als erster das Münter-Haus entdecken?“. So ist der Weg nicht so lange, der Spaziergang wird spannend für die Kinder. Mit Kindern dauert der Fußmarsch etwa 20 bis 30 Minuten. Ein Kinderspielplatz liegt am Weg, der sich nach der Besichtigung, bei schönem Wetter natürlich, für ein Picknick eignet.
Nun, nach einer Weile, kommen Sie am Gabriele-Münter-Haus an. Sie werden durch einen kleinen Vorgarten gehen, an der Haustüre klingeln, wo Sie dann ein freundlicher Empfang erwartet. Schon nach wenigen Schritten im Haus können die Kinder etwas Ungewöhnliches entdecken: Sie stehen vor dem Treppengeländer, das Kandinsky einst bemalte. Im ersten Stock angelangt, finden Sie zwei kleine Räume, Atelier und Schlafzimmer Kandinskys, bestückt mit von ihm bemalten Möbeln und Teilen eines bemalten Kinderbettchens, das die Kinder sicher interessieren wird.
Eine Reihe von Fotos gibt Einblick in frühere Zeiten und die Privatwelt der damaligen Bewohner. An den Wänden hängen Bilder, ausschließlich von Gabriele Münter, wohlgemerkt, keine von Kandinsky. Ein Blick aus dem Fenster, und man kann die Kinder den realen Blick auf das Städtchen mit den *Postkartenansichten* von Kandinskys Gemälden: „Kirche in Murnau“ 1910 und „Murnau – Garten“ 1910 (beide in der Städt. Galerie im Lenbachhaus München) vergleichen lassen.
Das Gabriele-Münter-Haus hat von außen wie von innen einen „Puppenstubencharakter“ und etwas Märchenhaftes an sich, das die Kinder ansprechen wird. Zum Abschluß wäre es schön, wenn sich die Kinder eine Kunstpostkarte aussuchen dürfen, die es im ersten Stock zu kaufen gibt. Ein Gästebuch liegt hier auch auf. Größere Kinder tragen sich mit Spaß selbst ein. Noch ein *Gruppenfoto* im Garten vor der

markanten Vorderseite des Hauses und der Besuch wird zum unvergeßlichen Erlebnis!
Im Anschluß können Sie noch durch das Städtchen Murnau wandern und die gemalten Motive, die Sie als Postkarte mit dabei haben, in der Realität suchen. Das ist vor allem für größere Kinder spannend. Ist es nicht so etwas wie ein Bildersuchlauf, aber doch noch viel interessanter? Intensive Diskussionen ergeben sich auch mit den Kindern, wenn Sie die Motivwahl des Künstlers ansprechen. Zum Beispiel bei „Grüngasse in Murnau" (1909, Städt. Galerie im Lenbachhaus, München). Die Kinder würden keine Kirche von der Hinteransicht malen. Dennoch gefällt ihnen das Gemälde sehr gut, sie bewundern die Farbenpracht und Idylle, die in natura nicht vorzufinden ist.
Genau gegenüber vom Gabriele-Münter-Haus liegt der Murnauer Friedhof mit dem Grab von Gabriele Münter und ihrem späteren Lebensgefährten mit einem schlichten Findling als Denkmal.
Wieder zu Hause angekommen, gibt es viele Möglichkeiten, die Eindrücke des Ausflugs zu verarbeiten. Ein Beispiel, das Kindern bestimmt großen Spaß machen wird: Sie dürfen *alte Möbel oder Kisten bemalen,* so wie es Kandinsky tat.

Kreatives Gestalten

Collage in Reißtechnik – Gemeinschaftsarbeit

Material
Kinder und Erwachsene sammeln Gold- und Silberpapier in allen Variationen (von Schokolade etc.), Geschenkpapiere und Papiere aller Art, auch Borten. Dazu wird noch Klebstoff benötigt und Wellpappe (gibt es von der Rolle am laufenden Meter im Fachhandel) oder ein sehr großes Plakat. Damit die Kinder ihrer Phantasie freien Lauf lassen und ihre Kreativität entfalten können, ist es wichtig, viel verschiedenartiges Material anzubieten.

Hinweis zur Reißtechnik
Alle Ränder werden bei dieser Technik *gerissen,* es werden also keine Schnittkanten stehengelassen. Auch sollen die Kinder alle gerissenen Teile erst einmal auf das Papier legen, bevor sie hingeklebt werden.

Durchführung
Der Erwachsene bespricht mit den Kindern die typischen Merkmale dieser Stadt: die vielen Türmchen mit den Goldkuppeln, die Form, wie sich der Fluß um die Stadt windet, das reich geschmückte Pferd, die Kleidung des Paares und den „goldenen" Laubwald. Das auf dem Tisch liegende Material wird von den Kindern befühlt, und es wird besprochen, was davon nun wofür verwendet werden kann. Die Kinder müssen sich in etwa einigen, wer welchen Teil des Bildes gestalten möchte.
Der Erwachsene hält sich beim Arbeiten der Kinder im Hintergrund, er beobachtet, gibt nötigenfalls Hilfestellung, Tips und Impulse zur Weiterarbeit.

Weitere Anregungen

Das Märchen als Rollenspiel

Blätterdruck
Dabei kann Plaka-Goldfarbe verwendet werden.

Ein russisches Gericht kochen

Falten eines Bilderrahmens aus Goldfolie
Kreatives Gestalten eines Bilderrahmens aus Gold- und Silberpapier.

Information für Erwachsene

„Dieser Sinn für das Märchenhafte ist vielen von Kandinskys frühen Arbeiten eigen. „Reitendes Paar“, eines der schönsten Beispiele, wird von ihm selbst folgendermaßen charakterisiert:
'Auch in diesem Bild habe ich eigentlich nach einer gewissen Stunde gejagt, die immer die schönste Stunde des Moskauer Tages war und bleibt. Die Sonne ist schon niedrig und hat ihre vollste Kraft erreicht, nach der sie den ganzen Tag suchte, ... nicht lange dauert dieses Bild, noch einige Minuten, und das Sonnenlicht wird rötlich vor Anstrengung, ... die Sonne schmelzt ganz Moskau zu einem Fleck zusammen, wie eine tolle Tube das ganze Innere, die ganze Seele in Vibration versetzt ... Diese Stunde zu malen dachte ich mir als das unmöglichste und höchste Glück eines Künstlers...'“[7]

[7] Aus FRIEDEL, Helmut / GOLLEK, Rosel / MEHL, Sonja / ZWEITE, Armin: „Lenbachhaus München“, Reihe MUSEUM, Westermann-Verlag, S. 62.

Lebenslauf von Wassily Kandinsky

Im „Selbstportrait in Worten, 1913“[8] beschrieb der Maler seinen Lebensweg:
„Wassily Kandinsky, Maler, Grafiker und Schriftsteller, der erste Maler, der das Gegenständliche im Bilde streicht. Geboren in Moskau 1866. Studiert auf der Moskauer Universität Nationalökonomie und Statistik, wird als cand. jur. zum Attaché der Fakultät ernannt. Mit 30 Jahren verläßt er die Wissenschaft und geht nach München, um Maler zu werden. Er arbeitet zwei Jahre an der Ažbè-Schule, ein Jahr auf der Akademie bei Franz Stuck, nimmt bald an Ausstellungen teil und wird von den meisten Kritikern wegen seiner übertriebenen Zeichnung und seiner schlampigen schreienden Farbe scharf verurteilt. Die Münchner Sezession lehnt seine Bilder mehrere Male ab. Er wird Mitglied der Berliner Sezession, des Deutschen Künstlerbundes und des „Salon d' automne“ in Paris. Er arbeitet viel an der Temperatechnik, an Öl- und Lackfarben und macht eine Anzahl schwarzweißer und farbiger Holzschnitte. Kandinsky geht bewußt auf dem Wege zur reinen Male-

[8] Aus der Zeitschrift PAN 8/85, S. 23

rei weiter und entfernt allmählich das Gegenständliche aus seinen Bildern. In den Jahren 1908 bis 1911 ist er fast ganz einsam, von Spott, Haß, Mißtrauen umgeben, zum Pfuscher, Betrüger und Wahnsinnigen gestempelt. Der erste, der ihm die Hand reicht, ist Franz Marc; er verschafft ihm einen Verleger und einen Geschäftsvertreter. Dann treten Alfred Kubin und Arnold Schönberg für ihn ein. Herwarth Walden bietet Kandinsky an, seine Ausstellungs- und Verkaufssorgen zu übernehmen, und führt einen Prozeß gegen die Beschimpfungen Kandinskys in der Presse. 1911 malt er sein erstes abstraktes Bild und macht 1912 eine Serie gegenstandsloser Stiche. Sein Buch „Über das Geistige in der Kunst" (Verlag Piper) erlebt in einem Winter (1912) drei Auflagen. Im ersten Deutschen Herbstsalon von Herwarth Walden (1913) fangen die ersten Sammler Deutschlands, Österreichs, Hollands, der Schweiz, Englands und Amerikas energisch an, sich für Kandinsky zu interessieren und seine Bilder zu erwerben. Im gleichen Jahr erscheint der ‚Blaue Reiter', von Kandinsky und Franz Marc herausgegeben bei Piper."

Lebenslauf von Wassily Kandinsky – Erzählung für Kinder (Beispiel)

Als euere Uromas und Uropas ungefähr so alt waren wie ihr jetzt, ist in Moskau, der größten Stadt Rußlands, ein Junge mit dem Namen *Wassily Kandinsky* geboren worden. Zwei Tage vor Nikolaus war es, mitten im Winter. In Rußland ist es im Winter sehr kalt, viel kälter als bei uns.

Die Eltern von Wassily hatten genug Geld, und so mußte der kleine Junge auch nicht frieren. Mit drei Jahren durfte er schon bis nach Italien reisen. Als er erwachsen war, heiratete er. Später wollte er wieder in ein fremdes Land, diesmal nach Deutschland, reisen und dort einige Zeit leben. Er suchte sich in München-Schwabing, ganz in der Nähe des Englischen Gartens, eine Wohnung mit Atelier. Hier besuchte er dann zwei Malschulen.

Später ist er mit seiner Freundin *Gabriele Münter* auf das Land gezogen, nach Murnau, weil es ihm dort sehr gut gefallen hat. In dieser Gegend gibt es Berge, Bauernhöfe, schöne Kirchen und Häuser, die er immer wieder malte. Seine Freundin kaufte am Rande des Ortes ein kleines Häuschen, in dem es kein Wasser und keinen Strom gab, nur Kerzen für die dunklen Abende; das Wasser brachte ihnen immer ein Mann in Eimern. *Kandinsky* liebte seinen Garten, er malte dort die Blumen, aber er kümmerte sich auch um die Gartenarbeit. Im Sommer trug er oft eine kurze Lederhose und Wadenstrümpfe. Stellt euch vor, ein Russe in der bayerischen Lederhose! Er rauchte gerne Pfeife bei der Gartenarbeit. Zusammen mit Gabriele Münter machte er Fahrradausflüge in die Natur, damals gab es nämlich nur wenige Autos. Ja, und für eine Frau war das Radfahren gar nicht üblich. Kaum eine Frau konnte das, aber *Gabriele Münter*. Die beiden hatten immer ihre Malsachen dabei und suchten sich Motive in der Umgebung, um diese zu malen. In der Nähe von Murnau und in München hatten sie Malerfreunde. Sie besuchten sich gegenseitig und diskutierten endlos über Malerei und über Kunst. *Wassily Kandinsky* und *Gabriele Münter* machten weite Reisen, nach Österreich, nach Italien und nach Afrika. Diese Reisen waren keine üblichen Urlaubsreisen, nein, *Kandinsky* und *Münter* malten dort alle ihre schönen Eindrücke, so wie wir sie heute fotografieren würden.

Im Krieg mußte Kandinsky in seine Heimat, nach Rußland zurück. Dort ließ er sich von seiner ersten Frau scheiden und heiratete eine schöne, junge, adelige Russin, mit der er später noch viele Jahre in Paris lebte. Er malte dort noch bedeutende Werke und wurde sehr berühmt.

Gabriele Münter war zunächst über die Trennung von Kandinsky sehr unglücklich und hatte keine Lust mehr zum Malen. Sie fand jedoch wieder einen Lebensgefährten, mit dem sie noch viele Jahre verbringen konnte und der sehr viel von Kunst verstand. Ja, was ich fast vergessen hätte, im Keller des Häuschens in Murnau hatte Gabriele Münter während der Kriegsjahre die wertvollen Gemälde *Kandinskys* versteckt. Diese hängen nun im Museum, in der Lenbach-Galerie in München, wo sie jeder bewundern kann.

3 PAUL KLEE

„Der Goldfisch" (1925), Kunsthalle Hamburg

Ziele der Bildbetrachtung

- Förderung des Gemeinschaftsgefühls der Kinder; Bearbeitung der Themen Macht, Einfluß, Gruppenführung, Eifersucht, Neid, Ausgrenzung.
- Lernen, den anderen, den Mitmenschen zu akzeptieren, gleichgültig welche Hautfarbe er hat, wie er aussieht, welcher Religion er angehört, welche Sprache er spricht.
- Entwickeln von Einfühlungsvermögen in Menschen und Situationen.
- Kennenlernen von Wegen zum Frieden: jeder kann in „seiner" Welt etwas dazu beitragen. Mit Kindern Wege zur Versöhnung finden.
- Wege werden aufgezeigt, Freundschaften zu schließen: Jeder Mensch braucht Freunde.
- Sensibel werden für helfen und sich helfen lassen, hierzu Bereitschaft entwickeln.
- Die Kinder lernen, positive und negative soziale Erfahrungen zu verbalisieren.
- Die Kinder sammeln Erfahrungen über das Leben der Fische, deren Pflege und Haltung und deren Umwelt.
- Kinder erfahren etwas über das Symbol des Fisches in der christlichen Religion.
- Nicht zuletzt: Hinführung zur Kunst und Wissenserweiterung in bezug auf den Maler.

Bildbetrachtung

Vorbereitung

Der Raum wird hergerichtet wie im 1. Kapitel (S. 16f.) beschrieben.
Kunstdruck oder Dia vorbereiten.
Wählen Sie eine der im 1. Kapitel vorgeschlagenen Einstiegsformen (S. 18f) oder folgende Hinführung zum Thema:

Einstieg

Variante 1
Die Kinder sitzen entspannt vor dem verhängtem Bild und schließen die Augen. Der Erwachsene spricht folgenden Text, am besten untermalt durch Musik. (Sehr gut geeignet ist: „Transformation of a Water Lily –

A Cosmic Meditation", Edition Widder, Blue Box Verlag Hamburg, CD INTERCORD, Nr. INT 860.231, als Schallplatte INT 160.231, als MC INT 460.231, oder z.B. auch das bekannte „Oxygene" von *Jean Michel Jarre,* als CD von POLYDOR, Nr. 800 015-2.)
„Stellt euch vor, ihr sitzt am Ufer eines Sees oder eines Teiches, oder vor einem großen Aquarium. Allmählich bekommt ihr Lust, in das herrliche Wasser zu steigen, zu schwimmen, zu planschen. Auf einmal werdet ihr neugierig auf das, was im Wasser so los ist. Ihr holt tief Luft und taucht unter, ihr schwimmt ganz tief hinunter, fast bis auf den Grund. Schaut euch etwas um, ... langsam öffnet ihr nun wieder die Augen und schaut jetzt auf das Bild."
[Der Erwachsene hat inzwischen das Bild enthüllt.]

Variante 2
Der Kunstdruck ist an eine Korkwand gepint. Darüber werden aus blauem Papier ausgeschnittene Wellen gesteckt, Wellen so viele als Kinder beteiligt sind. Jedes Kind darf dann eine Welle entfernen, bis schließlich das Gemälde zum Vorschein kommt. Diese Aktion wird mit der Musikcassette „Oxygene" von *Jean Michel Jarre* (s.o.) begleitet.

Durchführung

Beispielfragen
E: Was könnt ihr nun entdecken?
K: Ein Meer, See, Wasser, Fische ...
E: Ja, ein Gewässer, mit Fischen. Wie bewegen sich die Fische? Macht einmal mit euren Händen die Fische nach. Auch mit dem Mund, wie die Fische so blubbern.

[Die Kinder ahmen die Bewegungen nach.]

Was seht ihr noch, außer den Fischen, auf dem Grund, auf dem Boden des Gewässers?
K: Pflanzen, Wasserpflanzen, Algen, Gräser..
E: Wie bewegen sich die Pflanzen unter Wasser? Macht diese Bewegungen einmal mit euren Händen nach.
Nun schauen wir uns den großen Fisch einmal genauer an. Wie sieht der denn aus?
K: Ganz groß, gelb, nein, golden, und rote Flossen, rote Augen.
E: Wie sind die Augen des Fisches, nennen wir ihn einfach mal Goldfisch? Wie ist sein Blick?
K: Böse, ängstlich ...
E: Warum meint ihr, daß er böse schaut?
K: Er will die anderen fressen, er ist der Herrscher, der König.
E: Ja, was machen denn die anderen Fische, wie schauen die?
K: Die haben Angst, die schauen weg, die schwimmen weg?
E: Warum schwimmen sie denn weg vom Goldfisch?
K: Weil er gefährlich ist, weil er so groß ist..
E: Könnte es auch sein, daß er gar nicht so gefährlich ist, sondern einfach nur etwas anders oder schöner, größer ...?
K: Ja, der ist anders und schöner ...
E: Muß man da neidisch sein, wenn der größer, schöner, ist? Was haben denn die anderen Fische im Vergleich?
K: Sie sind rot, auch schön ...

„Der Goldfisch", Paul Klee (1925)

E. Was können die kleinen Fische bei Gefahr vielleicht besser?
K: Sich verstecken, schnell davonschwimmen, zusammenhelfen ...
E: Was machen die Fische denn zusammen, wenn keine Gefahr ist, wenn sie lustig sind?
K: Sie spielen ...
E: Die roten Fische sind nicht so alleine wie der Goldfisch. Es sind viele da, zählt sie einmal.

[Die Kinder zählen die sieben roten Fische.]

E: Sie gehören zusammen, sie sind Freunde. Woran erkennt man denn, daß sie zusammengehören?
K: Sie sind alle rot. Sie sehen fast gleich aus ...
E: Der Goldfisch ist alleine. Wo könnte er herkommen?
K: Aus einer anderen Meeresecke ...
E: Ja, vielleicht ist er fremd und er ist sehr schön golden. Vielleicht trauen sich die roten Fische deshalb nicht, mit ihm zu spielen, weil er fremd ist, weil sie ihn nicht kennen. Schaut einmal die Augen des Goldfisches an, wie schaut der, sieht er glücklich aus?
K: Er schaut traurig ...
E: Sicher könnte man mit dem Goldfisch auch schöne Spiele machen, oder ihn erzählen lassen, wo er herkommt. Schaut noch einmal die roten Fische genauer an, könnte es nicht sein, daß schon ein kleiner roter auf den Goldfisch zuschwimmen und mit ihm reden möchte? Welcher könnte es sein?

[Die Kinder nennen den kleinsten Fisch.]

E: Der kleinste schwimmt schon ganz nah über ihm, was könnte er wollen?
K: Er will mit ihm spielen ...
E: Der kleine Fisch hat ganz schön Mut, er wird gleich den großen Fisch fragen ... und, was glaubt ihr, wie wird der Goldfisch antworten, wie wird er reagieren?
K: Der freut sich. Die spielen jetzt miteinander ...

Abschluß und Transfer

Je nach Situation wird nun das Gespräch auf ähnliche Gegebenheiten im Lebensbereich der Kinder gelenkt.
Wenn ein neues Kind in die Gruppe oder Klasse kommen wird, dann empfiehlt es sich, die Kinder über das obige Beispiel vorzubereiten. Die Kinder werden gefragt, was sie alles tun können, so daß es dem neuen Kind gleich zu Beginn besser gehen kann als dem Goldfisch auf dem Bild.
Gesprächsinhalt kann also sein: Erarbeitung der Problematik eines ausländischen Kindes in einem fremden Land, unter fremden Kindern. Regen Sie die Kinder an, sich in ein fremdes Kind hineinzuversetzen, erarbeiten sie so das Verständigungsproblem und Lösungsmöglichkeiten. Lassen Sie die Kinder erzählen, welche Erfahrungen sie selbst in den Ferien im Ausland machten und wie sie die Verständigungsschwierigkeiten bewältigt haben. Im Gespräch mit älteren Kindern können Sie die Frage aufwerfen, ob und wie man Freundlichkeit und Feindseligkeit auch ohne Worte fühlen kann.

Weitere Abschlußmöglichkeit
Der Erwachsene spricht folgenden Text:

„Ihr dürft jetzt die Augen schließen ... und nun stellt ihr euch vor, jeder von euch ist ein Fisch. Ihr schwimmt weit draußen im Meer, es ist ziemlich tief dort und auch etwas dunkel. Ihr seid alleine und das findet ihr gar nicht schön. Jeder wünscht sich, daß auch andere Fische, Freunde da wären. Versucht nun, die Augen noch geschlossen zu halten und tastet dabei vorsichtig und langsam mit euren Händen nach rechts und links, vielleicht fühlt ihr etwas, dann sucht nach einer Hand und haltet euch aneinander fest. Ihr spürt jetzt, daß ihr nicht mehr alleine seid."

Die Kinder dürfen nun die Augen wieder öffnen und erzählen, welcher Fisch sie waren, wie sie sich gefühlt haben und wie das war, als sie die Hände der Nachbarn fühlten.

Oder wählen Sie eine Abschlußmöglichkeit von S. 20.

Vertiefungsmöglichkeiten

Goldfolienfische

Material

Goldfolie vom laufenden Meter, im Fachhandel erhältlich, Allzweckscheren, Gegenstände zum Eindrücken der Folie (sehr gut eignen sich Holzstäbchen oder z.B. ausgeschriebene Kugelschreiber), eine nicht allzu weiche Unterlage, Stopfnadel, um ein Loch, sowie Faden, um eine Aufhängemöglichkeit anzubringen.

Vorsichtiges Arbeiten ist vor allem den kleineren Kindern zu empfehlen, da sie sich leicht am Folienrand schneiden können.

Durchführung

Mit den Kindern wird zu erst noch einmal besprochen wie der Fisch aussehen soll, ob sie genau den gestalten wollen, den Paul Klee gemalt hat, oder ob sie ihre eigene Vorstellung umsetzen wollen.

Da es sicher eine neue Technik für die Kinder sein wird, ist es ratsam, den Arbeitsvorgang einmal vorzumachen. Wählen Sie dabei ein anderes Motiv als den Fisch, damit sich die Kinder nicht an ihrem Modell orientieren.

Und so wird es gemacht:

Ein Stück Folie wird auf eine weiche Unterlage gelegt. Das Motiv mit allen Verzierungen wird eingedrückt. Danach wird es ausgeschnitten, ein Loch durchgedrückt und ein Faden durchgezogen damit es aufgehängt werden kann. Bei letzterem Vorgang muß jüngeren Kindern etwas geholfen werden.

Alle Fische zusammen aufgehängt ergeben ein schönes, glitzerndes Mobile.

Hinweis

Metallfolien oxydieren. Falls Sie den goldenen Glanz beständig erhalten wollen, können Sie die Folie zum Schluß mit Alkohol reinigen und mit Zaponlack bepinseln.

Einen rötlichen Ton, der Farbe des Goldfisches ähnlich, können Sie erzielen, wenn die gefertigten Stücke mit Deka-Transparent-Lack in den Farben orange oder rot, bemalt werden.

Bilderbuch „Swimmy“ von Leo Lionni[9]

Hier geht es um einen kleinen Fisch, der anders ist als alle anderen. Er ist schwarz, nicht so schön wie der Goldfisch von Paul Klee. Auch er fühlt sich aber einsam, gehört wegen seines anderen Aussehens nicht zu den übrigen Fischen. Dennoch wird dieser Swimmy zu einer bedeutenden Figur in der Gesellschaft der Fische. Gerade durch sein Anderssein kann er allen andern helfen und findet somit seinen Platz, seine Aufgabe. Er ist aufgenommen und glücklich.

Gemeinschaftsarbeit: Goldfisch - Collage

Gerade bei diesem Bildthema bietet sich eine Gemeinschaftsarbeit zur Vertiefung an. Somit können Sie einen direkten Transfer schaffen, indem Sie die Gemeinschaft in der Kindergruppe fördern. Was vorher im Bild oder Gespräch erarbeitet wurde, gewinnt nun hier durch die Realisierung, durch die Handlung an Bedeutung.
Kinder können ab etwa dem 4. oder 5. Lebensjahr, je nach sozialem Entwicklungsstand, eine gemeinschaftliche Aufgabe im Bereich des kreativen Gestaltens bewältigen. Im nachfolgenden Vorschlag dürfte die individuelle Gestaltungsidee jedes einzelnen Kindes zum Zuge kommen. Lediglich durch das Zusammenfügen der einzelnen Teile, der gemalten Fische, wird es zu einem gemeinsamen Werk. Bei der Koordination lernt das Kind, selbst Vorschläge zu unterbreiten, zu verhandeln und Ideen anderer zu akzeptieren. Der Erwachsene hält sich hierbei zurück, er übernimmt lediglich die Gesprächsführung. Im besten Falle einigen sich die Kinder ohne Zutun des Erwachsenen.
Ein behutsames Lenken ist nur dann notwendig, wenn einzelne Kinder nicht zum Zuge kommen.

Material für den Hintergrund
Ein großer Bogen Papier z.B. aus Zeitungsmakulatur zusammenklebte Bahnen. Diese gibt es günstig oder vielleicht sogar umsonst als Restrollen in Zeitungsdruckereien. Geeignet ist auch eine Untertapete, die es im Fachhandel gibt. Wasserfarbe oder Kleisterfarbe in Blau- und Grüntönen, dicke Pinsel.

Material für die aufzuklebenden Fische
Zeichenkarton in weiß, Scheren, Klebstoff, Bleistift, Goldfolienreste, Perlen, Pailletten, Faschingsflitter in Gold.

Durchführung
Die Kinder bemalen gemeinsam den großen Bogen Papier (Unterwasserlandschaft) und legen ihn zum Trocknen zur Seite. Jeder zeichnet seinen Goldfisch auf den Karton und schneidet diesen aus. Je nach Lust, Laune und

9 LIONNI, Leo: „Swimmy“, Middelhauve Verlag Köln.

Arbeiten an einer Fisch-Collage

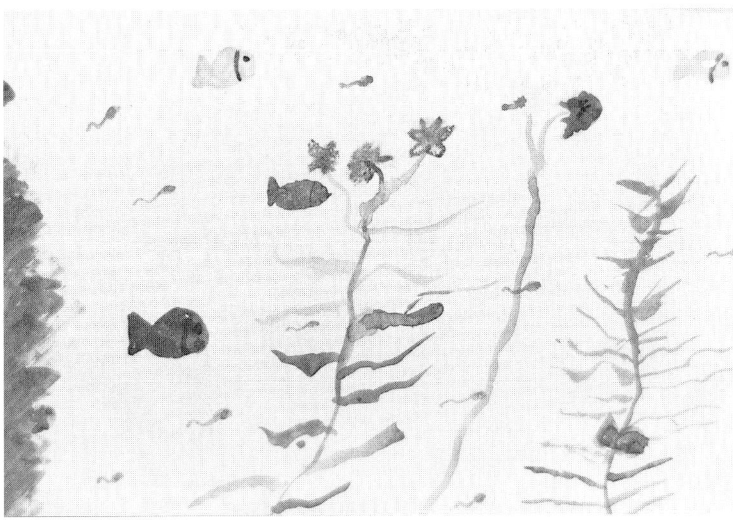

Aquarell zum Bilderbuch
„Swimmy“

Phantasie verzieren die Kinder den Fisch; er wird somit zu *ihrem* Goldfisch.
Inzwischen ist der Hintergrund getrocknet, und jedes Kind darf seinen Fisch anbringen. Bevor es mit dem Kleben losgeht, sollte noch besprochen werden, wo die einzelnen Fische aufgeklebt werden, ob jeder so für sich schwimmen soll, wie auf dem Gemälde von Paul Klee, oder ob nicht eine Form gefunden wird, aus der zu erkennen ist, daß sie alle zusammengehören und Freunde geworden sind, keiner mehr einsam ist.

Aquarium als Tischspiel herstellen

Ein Aquarium wird aus Pappe angefertigt und bemalt. Die Fische aus Karton ausschneiden, bemalen und mit Metall (z. B. Versandbeutelverschluß) versehen. Dazu eine kleine Angel basteln; als Angelhaken dient ein kleiner Magnet am Ende der Schnur – fertig ist das Tischspiel. Spielideen können selbst erfunden werden. Beispiel: Jeder darf der Reihe nach einmal angeln. Sieger ist, wer die meisten Fische einer bestimmten Farbe hat. Oder die Fische nach der Größe bewerten und mit Punktzahlen versehen (je nach Alter).

Fischbrote[10]

Mischbrotscheiben werden mit Wurst oder Butter bestrichen. Als Fischauge dient eine Eischeibe oder ein halbiertes Radieschen. Für das Maul und für den Fischschwanz eignen sich entsprechend zugeschnittene Streifen Paprikaschote. Dünne Scheiben Radieschen oder Gewürzgurke werden als Fischschuppen aufgelegt.

10 Aus REUYS, Eva / VIEHOFF, Hanne: „Feste kreativ gestalten", Don Bosco Verlag, S. 33; Abbildung mit freundlicher Erlaubnis von dort.

Lied: Wir reichen uns die Hände

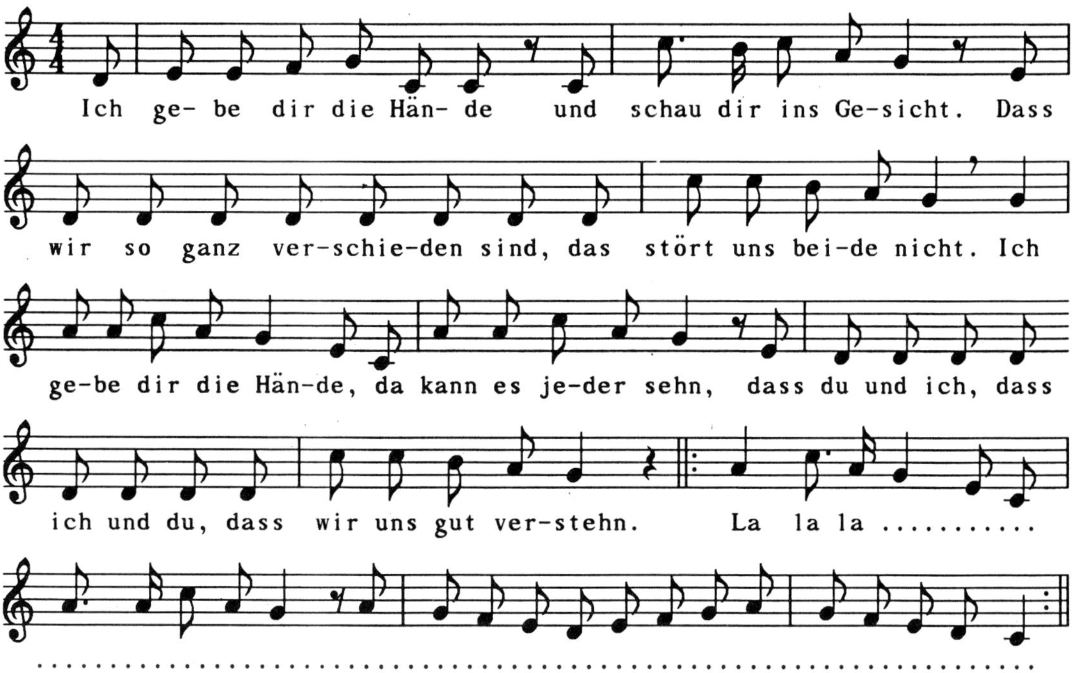

2. Wir geben uns die Hände
   und schaun uns ins Gesicht.
   Und daß wir ganz verschieden sind,
   das stört uns wirklich nicht.
   Wir geben uns die Hände,
   da kann es jeder sehn,
   daß du und ich, daß ich und du,
   daß wir uns gut verstehn.

3. Wir bauen eine Brücke
   vom Mensch zum Menschen dann
   mit Liebe und mit Zuversicht.
   Vertraue dich mir an.
   Wir halten uns die Hände
   und woll'n die Brücke baun,
   daß du und ich, daß ich und du
   einander stets vertrau'n.

4. So stark wird diese Brücke
   vom Mensch zum Menschen sein.
   Und wenn wir fest zusammenstehn,
   dann stürzt sie niemals ein.
   Wir halten uns die Hände
   und woll'n die Brücke baun,
   daß du und ich, daß ich und du
   einander stets vertrau'n.

Weitere Anregungen

Aquarium im Klassenzimmer oder Gruppenraum anlegen.

Das Riesenaquarium im Zoo betrachten

Wachskratztechnik

Siebdruck

Fische aus verschiedenen Materialien modellieren

Geschichten schreiben und vertonen

Rollenspiel, Stabfigurenspiel

Bilderbuch „Der Regenbogenfisch" von Marcus Pfister, Nord-Süd Verlag

Kinderlexikon: über verschiedene Fische, deren Lebensraum, Pflege usw. sprechen

Mit der Kindergruppe ein ausländisches Fest gestalten

Information für Erwachsene

Der Lebenslauf von Paul Klee – Erzählung für Kinder (Beispiel)

Paul Klee wurde am 18. Dezember 1879 in der Schweiz geboren. Hans Klee, sein Vater, war Musiklehrer. Die Mutter, Ida Maria, zeichnete gern. Paul Klee lernte Geige spielen und er malte. Schon als Kind liebte er Katzen. Während seines ganzen Lebens hat er sie immer wieder gezeichnet und gemalt. Seine Lieblingskatze hieß *Bimbo.*
Dieser Künstler war in seiner Jugend ein strebsamer Schüler, der viele Sprachen, Geschichten und Wissenschaften studierte. Er war auch ein guter Schriftsteller und Lehrer. Von allen berühmten Leuten, die er kannte oder die ihn kannten, wurde er bewundert und hoch geschätzt.

Paul Klee war ein fleißiger Künstler. Als er 1940 im Alter von sechzig Jahren starb, hinterließ er über 8900 Kunstwerke.
Paul Klee schrieb einmal:
„Es ist nicht meine Aufgabe, Erscheinungen wiederzugeben ... dafür hat man einen Fotoapparat.
Ich will in die innerste Bedeutung der Modelle eindringen.
Ich will das Herz erreichen. Ich schreibe Worte an die Stirnen und um die Lippen.
Aber meine Gesichter sind wahrhaftiger als das Leben."
„Die Kunst bringt das Sichtbare nicht wieder hervor. Sie macht es sichtbar."
„So lernen wir, nicht nur auf die Oberfläche zu schauen, sondern tiefer, um an die Wurzeln der Dinge heranzukommen."

4 CLAUDE MONET

„Seerosen" („Nymphéas", 1918/21), Neue Pinakothek München

Ziele der Bildbetrachtung

Ziel ist die ganzheitliche Hinführung des Vorschulkindes zur Kunst, zur Malerei. Die Kinder werden behutsam mit dem Impressionismus bekannt gemacht. In der Weiterführung ergibt sich eine Vertiefung der Naturbeziehung der Kinder (Seerose, Teich, Umweltschutz). Die Arbeit kann auf drei Schwerpunkte zielen und dementsprechend in drei Varianten durchgeführt werden:

- *Variante 1:* Entwicklung der Phantasie und Berührung mit dem Unbewußten. Einfühlung in das Kunstwerk.
- *Variante 2:* Hinführung zur Naturverbundenheit, zu Umwelt- und Artenschutz.
- *Variante 3:* Information über Malerei, das heißt hier über den Malstil Monets und den Impressionismus.

Bildbetrachtung

Vorbereitung

Raum herrichten (vgl. S. 16 f).

Material
Kunstdruck oder Dia; eventuell Kassettenrecorder oder Schreibzeug, wenn Sie den Text für eine späteres Rollenspiel oder Theateraufführung verwenden wollen.

Einstieg

Das Bild ist zunächst verhüllt. Ein Kind darf das Tuch entfernen und die Kinder betrachten ruhig, ohne zu sprechen, das Bild.

Durchführung (drei Varianten)

Variante 1

Beispielfragen
E: Was seht ihr auf diesem Bild?

[Alle Kinder sollen etwas sagen dürfen.]

K: Wasser, Seerosen, Blätter ...
E: Schaut einmal genauer hin, was ist zwischen den Seerosen, den Blätter zu sehen?
K: Seegras, Algen, Schatten, Grün ...
E: Welche Farben könnt ihr sehen?

[Einzelne Kinder zeigen und benennen die Farben.]

E: Stellt euch vor, ihr steht an diesem See und schaut hinein, was könnte da noch so alles an Lebewesen auf den Blättern und zwischen den Algen sein, wer könnte sich versteckt haben?
K: Käfer, Schmetterlinge, Fliegen, Libellen, Frösche, Bienen ...

[Kinder ahmen diese Tiere mit Geräuschen und Händen nach, z.B. lassen sie eine Biene summen und fliegen. (Prinzip der Aktivität)]

E: Schließt einmal die Augen und stellt euch vor: Die Seerose hat eine ganz lange Wurzel, die geht sehr, sehr tief ins Wasser hinab, so tief, bis sie sich auf dem Boden des Teichs festhalten kann. Stellt euch einmal vor, ihr taucht bis zu den Wurzeln hinab, tiefer und tiefer – wem könnt ihr da begegnen? –

[Nach einer Weile dürfen die Kinder die Augen wieder öffnen und berichten.]

K: Fische, Algen, Seeanemonen, Wasserschildkröten, Frösche, Seeungeheuer ...
E: Was kann das Seeungeheuer alles anstellen?

[Hier kann man eine kleine Geschichte erfinden lassen.]

E: Was könnt ihr alles am Grund, am Boden des Teichs finden?
K: Muscheln, Fische, Schatz, Höhle ...

[Auch hier können die Kinder ihre Phantasie spielen lassen.]

Abschluß – Transfer

E: Nehmt etwas aus dem Wasser mit, was euch am besten gefallen hat und malt das ...

Malen
An einem Tisch sind bereits Wasserfarben (für Naß-in-Naß-Technik) oder Zuckerkreide vorbereitet (siehe S. 56f).

Variante 2

Einstieg
Einstieg wie bei Variante 1 oder:
Das Dia (oder Bild) ist noch verpackt und die Kinder dürfen es auspacken.

Beispielfragen
E: Was seht ihr auf diesem Bild?
K: Wasser ...
E: Schaut einmal genauer hin.
K: Seerosen, Blätter ...
E: Stellt euch vor, ihr steht an diesem See oder Teich und schaut hinein, wer könnte denn da wohnen, welche Tiere könnten hier zu Hause sein?
K: Frösche, Libellen, Fische, Wasserschlangen, Käfer ...
E: Was brauchen die Bewohner des Teiches, die Seerosen, die Fische, alle diese Lebewesen zum Leben?
K: Sonne, Futter, Wasser, Wärme ...
E: Wie soll das Wasser sein, um dort leben zu können? (Darf es schmutzig sein?)
K: Sauber, schön ...
E: Was können die Kinder und die Erwachsenen tun, damit der Teich schön sauber bleibt?

„Seerosen" („Nymphéas"), Claude Monet (1918/21)

K: Nichts hineinwerfen, hineinschütten ...
E: Habt ihr schon einmal an einem Badesee gesehen, was die Menschen alles am Ufer liegen lassen oder in den See werfen?

[Die Kinder erzählen.]

Abschluß – Transfer

E: Wo könnte man den Abfall hingeben, damit der See sauber bleibt, die Seerosen blühen, die Fische schwimmen können ...?
K: Abfalleimer, oder Abfall mit nach Hause nehmen, zu Hause in die Mülltonne ...
E: Schließt die Augen und stellt euch vor, ihr schwimmt jetzt an der langen Wurzel der Seerose hinab, bis zum Grund des Teichs. Dort findet ihr allerhand Unrat, den die Menschen dort hineingeworfen haben: Dosen, Flaschen, Plastiktüten, einen alten Schuh, sogar einen kaputten Autoreifen ... Die Fische sind darüber sehr traurig, die Frösche ärgern sich und die Seerosen werden immer kleiner, weil sie kein schönes, sauberes Wasser mehr haben ... Doch eines Tages wird das den Bewohnern des Teiches zuviel, sie wollen sich das nicht mehr gefallen lassen. Sie haben sich alle versammelt und einen Beschluß gefaßt ...

[Nun die Kinder weiter erzählen und einen Schluß finden lassen.]

Variante 3

Das Bild „Seerosen" unter künstlerischem Aspekt

Beispielfragen
E: Was seht ihr auf dem Bild?
K: Wasser, Blumen ...
E: Welche Farbe hat das Wasser, welche die Blumen?
K: Das Wasser ist blau, grün, ein bißchen gelb, weiß ...,
die Blumen sind rosa und weiß ...
E: Wie heißen diese Blumen?
K: Seerosen.
E: Ja, sie sehen aus wie Rosen, sie wachsen auf einem See und so heißen sie Seerosen. Man kann aber auch Lotosblüten sagen.
E: Fällt euch da etwas auf? Von weitem sehen die Blumen wie richtige Seerosen aus und von der Nähe?

[Der Erwachsene reicht das Bild im Kreis herum oder läßt die Kinder aufstehen und näher an das Bild gehen.]

K: Da sehen die Blumen doch wie Kleckse aus, da kann man also die Seerosen gar nicht so gut erkennen ...
E: Das Bild wurde von dem französischen Maler Monet gemalt. Welche Farben hat Monet hier hauptsächlich verwendet?
K: Blau, rosa, grün ...
E: Schaut einmal ganz genau hin, welche Farbe hat er wahrscheinlich für alle Töne zum Mischen verwendet?
K: Weiß!
E: Wurde das Bild mit einem dicken oder dünnen Pinsel gemalt, was glaubt ihr, mit dikker oder mit dünner Farbe?
K: Mit dicker Farbe und mit einem dicken Pinsel ...
E: Das war die Malweise von Claude Monet. Er malte seine Bilder so, daß man „nur" einen Eindruck hat, es ist nicht so genau, so exakt wie ein ......? Was meint ihr, welche Art von

Bilder können ganz exakt etwas wiedergeben? Man braucht dazu einen Apparat!
K: Fotoapparat, ein Foto ...
E: Genau, eine Fotografie zeigt ganz klar, gar nicht verschwommen, wie etwas zu einem bestimmten Zeitpunkt aussieht. Und Claude Monet hat gesehen, daß das Wasser, die Blätter und die Pflanzen immer wieder ganz anders aussehen, weil die Sonne immer ein anderes Licht gibt. Die Dinge werden je nach Wetter oder Lichteinfall anders aussehen, also immer wieder einen anderen Eindruck auf den Menschen machen. Monet wollte das in seiner Malweise zeigen, deshalb nannte man Claude Monet auch einen *Eindrucksmaler.*
Monet hat diesen Teich in seinem riesigen Garten anlegen lassen und ihn hunderte Male gemalt.
Und nun stellt euch mal vor, ihr würdet in diesem Teich herumplantschen und mit Wasser spritzen – macht das jetzt mal mit euren Händen nach – was würde da mit den Bewohnern des Teiches passieren?
K: Ja, da würden die Tiere erschrecken, die Pflanzen abknicken und die Seerosen würden kaputt gehen und nicht mehr blühen ...
E: Was bliebe dann noch übrig?
K: Die Seerosenblätter, die würden dann einsam ohne Blumen im Teich schwimmen.
E: Wo könnte man denn besser baden als in diesem Teich mit den schönen Seerosen?
K: Im Schwimmbad, in einem großen See, im Meer ...
E: Monet hatte damals mehrere Gärtner angestellt, die seinen Garten und den Teich pflegten, damit alles schön gedeihen und Monet ihn immer und immer wieder betrachten und malen konnte.

Abschluß – Transfer

Wenn man die Kinder nun hinführen will zu der Idee, selbst einen kleinen Teich im Garten oder Kindergarten anzulegen, stellt man entsprechend vorbereitende Fragen zu etwa folgenden Punkten:
Die Kinder sollen nicht in diesen Teich hineingehen, dieser ist nur zum Bewundern, zum Betrachten da. Im Sommer kann man das Leben in einem Teich gut beobachten. Da kommen Libellen, Wasserkäfer, Vögel, um zu trinken und im Winter friert der Teich zu und ruht sich aus.
Wenn wir selbst solch einen Teich haben, können wir uns so wie der Maler Monet auch darum kümmern und ihn pflegen. Wir können von unserem Teich Bilder malen und zum Vergleich auch ein Foto anfertigen.

Literatur zum Anlegen eines Teiches

Stadelmann, Peter: „Der Gartenteich“, GU (Gräfe und Unzer) Pflanzen-Ratgeber

Stadelmann, Peter: „Gartenteich“, GU

Paul, Anthony/Rees, Yvonne: „Der Wassergarten“, Mosaik-Verlag

Vertiefungsmöglichkeiten

Besuch in der Neuen Pinakothek München

Barerstr. 29 (Eingang Theresienstraße), 8000 München 40, Telefon: (089) 23 80 51 95.

Verkehrsverbindung: Straßenbahn Linie 18 bis Barerstraße,
U-Bahn Linie 2 bis Josephsplatz, Bus Linie 53

Der Eintritt ist frei für Kindergruppen und Schulklassen in Begleitung von Erziehern und Lehrern.
Im Raum 22 finden Sie das *Seerosenbild* von Monet.

Geschichte von Linnéa (Bilderbuch)

Anschauliche und kindgerechte Information über den Maler *Monet* gibt es im Bilderbuch von Björk, Christina/Anderson, Lena: „Linnéa im Garten des Malers", C. Bertelsmann Verlag.
Das ganze Buch kann für Vorschulkinder zu lang und inhaltsreich sein; dann reicht es, nur einzelne Seiten herauszugreifen, oder die Geschichte in mehreren Etappen zu erarbeiten.
Im Buch wird die Geschichte eines kleinen Mädchens erzählt, das mit einem Erwachsenen nach Paris und in das Haus des Malers Monet reisen darf. Sehr eindrucksvoll werden die Erlebnisse des Kindes anhand vieler Fotos und gemalter Bilder geschildert. Dabei erfahren die Leser auf kindgerechte Art und Weise sehr viel Interessantes über den Maler, seine Familie, seine Lebensgewohnheiten, und natürlich über die Entwicklung und die Erfolge seiner Malerei.

Kochen zum Thema Claude Monet

Zum ganzheitlichen Erleben des Themas bietet sich diesmal besonders auch ein Ausflug in den hauswirtschaftlichen Bereich an. Im Buch „Linnéa im Garten des Malers" haben die Leser erfahren, daß Monet nicht nur ein leidenschaftlicher Maler sondern auch Gärtner und leidenschaftlicher Esser war.
Nichts liegt also für Kinder näher, als ein Gericht á la Monet zu kochen, denn erfahrungsgemäß kochen die meisten Kinder gerne, besonders in der Gruppe.
Wohl am besten geeignet sind hier „Gebratene Bananen" (Monets Lieblings-Nachspeise!), die von Kindern mit Leichtigkeit selbst zubereitet werden können und sicher auch gerne gegessen werden.

Gratinierte Bananen
Rezept für 6 Personen[11]

---

[11] Aus JOYES, Claire: „Zu Gast bei Claude Monet", Heyne Verlag

Zutaten
6 Bananen, (1/3 Tasse Zucker; ist nicht unbedingt notwendig, Bananen werden durch Backen und Braten sehr süß), 2 EL zerlassene Butter, 2 EL Zitronensaft.

Zubereitung
Die Bananen schälen, dann der Länge nach vierteln, auf ein gefettetes Blech oder in feuerfeste Form geben. Den Zucker mit Zitronensaft vermischen und die Hälfte davon über die Bananen gießen. Im heißen Ofen etwa 20 Minuten backen, dabei häufig (ab und zu) mit dem Rest der Sauce übergießen. Heiß oder kalt servieren.
Die Zubereitungsweise ist sehr einfach, kann also auch mit Kindergartenkindern durchgeführt werden, wobei auch hier die Kinder alle Handgriffe selbst durchführen können.
Während die Bananen im Backrohr braten, wird der Tisch von den Kindern selbst vorbildhaft gedeckt. Das verkürzt die Wartezeit und die Kinder lernen wieder hinzu oder bringen schon ihre Erfahrungen im Tischdecken ein.

Ausdruckstanz (Seerosen-Tanz)

Musikvorschlag
Claude Debussy: Sonate für Flöte, Bratsche und Harfe / 1. Satz „Pastorale". Als CD z.B. erhältlich von Decca 42 11 54-2.

Einstimmung
Die Kinder liegen oder sitzen bequem auf dem Boden, die Augen geschlossen. Der Erwachsene spricht langsam zur Musik den nachfolgenden Text. Dabei können sich die Kinder in die Thematik einfühlen und – ohne Bewegung – ihrer Phantasie freien Lauf lassen.

Durchführung
Nach dieser ruhigen, entspannenden Phase fordert der Erwachsene die Kinder auf, sich im Raum zu verteilen. Der Erwachsene spricht erneut den Text zur Musik. Die Kinder sollen dabei ihre Gedanken in freie Bewegung umsetzen. Anschließend den Tanz eventuell wiederholen.

Variante

Die Kinder sitzen dicht nebeneinander in der Hocke im Kreis am Boden. Sie machen sich ganz klein. Sobald die Musik beginnt, geben sich die Kinder die Hände und werden symbolisch zu einer Seerose mit ihren vielen Blütenblättern. Sie bewegen sich gemeinsam zur Musik und zum Text, den der Erwachsene spricht.
Wenn im Textverlauf die Blütenknospe aufgeht, stehen z.B. die Kinder langsam auf, strecken ihre Arme, machen sich immer größer, wiegen sich im Wind usw.

Textvorschlag zum Ausdruckstanz
„Ihr bewegt euch jetzt zur Musik wie Seerosenknospen auf dem Wasser.
Laßt eure langen Wurzel schwimmen. Die Wurzeln reichen tief hinab bis auf den Grund des Teiches. Dort hält sich die Wurzel tief im Boden fest. Sie verankert sich nun, verwurzelt sich da.
Denkt noch einmal daran, daß ihr selbst jetzt die Seerose seid, breitet eure großen, dicken

Blätter aus und laßt diese auf dem Wasser schwimmen. Fühlt das Wasser, fühlt euch wohl dabei, wie ihr als Blatt auf der Seerose auf dem Wasser schwimmt, wie euch das Wasser trägt.
Und nun laßt eure herrlichen Blüten mit ihren vielen rosafarbenen oder weißen Blättern aufgehen.
Fühlt euch als Seerose, bewegt euch als Blüte im Wind und laßt euch die Sonne ins Gesicht scheinen. Laßt euch von der Sonnenwärme streicheln und strahlt in voller Pracht und Zufriedenheit. Ihr wißt, ihr sendet einen wundervollen Duft aus, und da – jetzt bekommt ihr Besuch von einem Schmetterling, der sich bei euch, auf der Seerose, in der Blüte niederläßt, ganz leicht, wie eine Feder, und Nektar holt.
Auch eine Biene kommt jetzt angesummt, holt sich Nektar, bedankt sich und fliegt wieder davon.
Ein Frosch kommt angeschwommen und hüpft – pflop, pflop – von einem großen grünem Blatt zum anderen. Begrüßt diesen Frosch – und hört dann, wie auch er freundlich „Guten Tag“ sagt und dann wieder im Wasser verschwindet. Es macht pflop – und der Frosch ist wieder weg.
Allmählich wird es nun Abend, alle Seerosen sind müde geworden und schließen langsam ihre Blüten, die Tiere gehen schlafen ...“

Rollenspiel – kleine Theateraufführung

Rollenspiel
Die Kinder spielen die Handlung, die sich aus dem Text bei der Bildbetrachtung oder dem Text zum Ausdruckstanz ergibt, mit verteilten Rollen nach.
Bei Schulkindern übernimmt sicher gerne ein Kind die Rolle des Sprechers, so daß sich der Erwachsene sehr im Hintergrund halten kann. Je nach Vermögen der Kinder kann der Text auch frei gesprochen werden.

Kleine Theateraufführung zum obigen Text (siehe Ausdruckstanz, S. 53f)
Eine Theateraufführung ist besonders geeignet für Sommerfeste und Schulabschlußfeiern. Immer wieder wird von Lehrern wie auch Erziehern eine zündende Idee, ein schöner Beitrag zur Gestaltung eines Sommerfestes erwartet. Oft aber bleibt im Lehrplan bzw. Rahmenplan wenig Zeit für die vielen Vorbereitungen, wenig Zeit für einen größeren Aufwand. Ein eindrucksvoller Festbeitrag bei relativ geringem Aufwand könnte die Umsetzung der Bildbetrachtung „Die Seerosen“ von Monet in spielerischer Dramaturgie sein.
Jedes Kind wird in irgendeiner Form beteiligt. Sie können in diesem Stück so viele Rollen entwickeln, wie gerade gebraucht werden, so viele Kinder Sie auch haben mögen. Sie können verschiedenartige Rollen auswählen, die für die Kinder ihrer Gruppe ganz besonders geeignet sind. Dabei haben die Kinder selbst oft Wünsche und Ideen.

Vorbereitung
Man beginnt mit der Bildbetrachtung und dem Erarbeiten einer Geschichte zum Bild.
Für eine Aufführung sind *Kulissen* nötig. Hierzu malen die Kinder auf große Papierbahnen mit Kleister- oder Brilliantfarbe Wasser- und Seerosenmotive.

Die Rollen, die aus der Geschichte entstanden sind, werden dem Darstellungsvermögen und den Wünschen der Kinder angepaßt und dann verteilt. Dabei empfehle ich, Notizen zu machen, damit nachher nicht um Rollen, die anders verteilt waren, gestritten werden kann.
Mit den Kindern werden die *Kostümierungsvorschläge* besprochen und festgelegt. Dabei läßt sich mit ganz einfachen Mitteln, ohne großen Aufwand arbeiten.

Beispiele
Für die *Rolle der Seerose:* Aus Seidenpapier in rosa, weiß, gelb, je nach Wunsch der Kinder, Umhänge gestalten. Noch einfacher ist es, wenn die Kinder entsprechende Kleidungsstücke anziehen.
Für die *Schmetterlingsrolle* paßt ein Umhang aus weißem oder gelbem Tüll. Das Kind trägt dazu einen schlichten Gymnastikanzug, auf dem Kopf Fühler (dazu eignen sich mit Haarklammern befestigte Pfeifenputzer).
Für den *Frosch* stellt man grüne Kleidungsstücke zusammen. Lustig wäre sicherlich, wenn das Kind im Gesicht grün geschminkt wäre und an den Füßen Taucherflossen tragen würde.
Für den *Wind* stellt man grau-blaue Kleidungsstücke zusammen. Die Haare des Kindes stark toupieren und ausnahmsweise mit Haarspray festigen. Zum „Windmachen" nimmt es viele graue und blaue Seidentücher in die Hand.
Das Kind, das die *Sonne* darstellt, ist gelb gekleidet und hält gelbe Tücher in den Händen.
Die *Nacht* wird von einem Kind dargestellt, das schwarz gekleidet ist und eine erleuchtete Laterne in der Hand trägt.

Inszenierung
Wichtig ist, von Anfang an mit den Kindern zusammen die Darstellungsweise zu erarbeiten. Können die Kinder ihre eigenen Ideen einbringen, werden sie sich sicher auch die Details der Aufführung besser merken. Ein Einübungsdrill bleibt erspart. Den Kindern macht es Freude. Die Darstellung wird spielerisch, wenn Sie den Kindern einen Interpretationsspielraum, einen Freiraum auch für spontane Ideen lassen.
Da die Handlung sehr einfach und frei gestaltet ist, kann hier kaum etwas „falsch gemacht" werden und somit auch nichts schief gehen. Eine erfolgreiche Aufführung ist garantiert.

Malen eines Seerosenbildes

Hierzu Borstenpinsel, pastöse Farben und viel Deckweiß zur Verfügung stellen für einen dickeren Farbauftrag wie auf den Bildern von Monet.
Mit den Kindern können auch für denselben Zweck Kleisterfarben hergestellt werden. (Ein Rezept für die Herstellung von Kleisterfarben findet sich auf Seite 104)

Naß-in-Naß-Technik zum Malen eines Seerosenbildes

Material
Festes weißes Papier, mindestens DIN A 3-Format, dicke Pinsel, Schwämmchen, Wasserbehälter, Wasserfarben, begrenzt auf blau, grün, rot, gelb, weiß.

Technik
Die Kinder befeuchten das Blatt mit einem Schwämmchen oder einem dicken Pinsel mit Wasser. (Bei Schwämmchen darauf achten, daß die Kinder das Papier nicht aufreiben). Auf das nasse Blatt werden die Farbtupfer gesetzt. Regen Sie die Kinder dazu an, zu beobachten, wie die Farben verlaufen, dies ist ein wunderschönes und vielleicht auch neues Erlebnis. Das Thema „Farbenmischen" wird vertieft.[12]

Zuckerkreiden-Technik zum Malen eines Seerosenbildes

Material
Bunte Tafelkreide, Zucker-Raffinade, warmes Wasser, buntes Tonpapier, mindestens DIN A3-Format.

Vorbereitung
Lösen Sie etwa drei Eßlöffel Zucker in einem Becher oder einem Schälchen, gefüllt mit warmem Wasser, auf. Stellen Sie dann die Kreide hinein und lassen Sie sie etwa 20 bis 30 Minuten einweichen (kann aber auch länger liegen). Die Kreide könnte also schon vor der Bildbetrachtung zusammen mit den Kindern vorbereitet werden.
Als Malgrund für die Zuckerkreide eignet sich sehr gut Tonpapier in kräftigen Farben. Die Stärke des Tonpapiers ist notwendig zum Aufsaugen für die naße Technik, die Farben des Papiers heben den Charakter der Zuckerkreide hervor.

---

12 Aus BAGNALL, Brian: „Zeichnen und Malen", Falken Verlag, S. 198ff.

Durchführung
Die Kinder schmieren mit der nassen Kreide das gewählte Motiv. Dabei kann auch z.B. mit weißer Kreide über andere Farben gemalt werden. In jedem Fall entsteht dann durch das Trocknen der Kreide ein heller, pudriger Effekt.

Seidenmalerei zum Thema Seerose

Schulkinder könnten mit Seidenmalerei experimentieren. Diese Technik eignet sich sehr gut für die Themen „Wasser" und „Seerosen".

Material
Seidenmalfarben, zu beziehen im Fachhandel.

Literaturhinweis
Zechlin, Katharina: „Seidenmalerei mit Kindern", Frech-Verlag
Erfahrungen im pädagogischen Bereich sind zu finden in: Smend, Rudolf: „Seidenmalerei-Handbuch", Galerie Smend Verlag

Experiment Seerose

Material
Faltblätter, Stifte, Schere, Schale mit Wasser.

Durchführung
Kinder malen auf bunte Faltblätter eine blütenartige Figur (eventuell in Form einer Seerose). Diese wird ausgeschnitten, die Blütenblätter werden stark nach innen gefaltet.

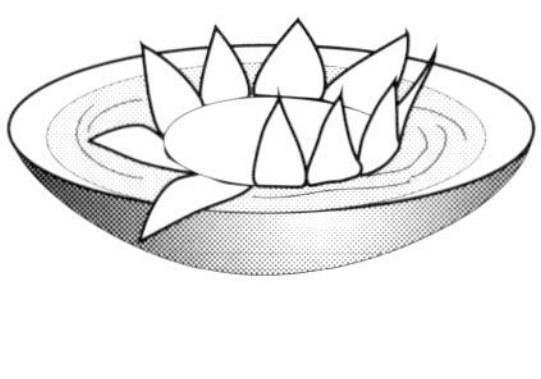

Nun die Blüte vorsichtig in eine mit Wasser gefüllte Glasschale legen (Glasschale wirkt optisch gut, ebenfalls eine Plastikschüssel in den Farben blau, türkis, grün ..., eben in den Farben eines Teiches.) Man kann jetzt beobachten, wie sich die Blütenblätter im Zeitlupentempo öffnen. Die Kinder sind stets sehr beeindruckt von diesem Experiment.

Experiment Seerose in der freien Natur

Das Papier besteht zum größten Teil aus pflanzlichen Fasern, die wie hauchfeine Schläuche gebildet sind. In diesen sogenannten Kapillarröhrchen steigt das Wasser hoch. Das Papier quillt auf; und wie bei einer welken Pflanze, die man ins Wasser stellt, richten sich die Zacken der Papierrose auf und klappen nach außen.

Besuch im Botanischen Garten

Bitte bedenken: Seerosen sind nur in den warmen Frühlings- und Sommermonaten zu besichtigen.

Wer in München oder Umgebung lebt, könnte den Botanischen Garten in München besuchen. Seit kurzem gibt es auch die Möglichkeit, für Kindergruppen eine Führung durch die Gewächshäuser zu buchen. Diese Aktion läuft über das MPZ – Museumspädagogisches Zentrum, Barerstr. 29, 80799 München, Telefon (089) 23805192.

Die Seerosen können von den größeren Kindern an Ort und Stelle gemalt werden, Kindergartenkinder malen die Eindrücke vom Ausflug erst im Kindergarten.

Weitere Anregungen

Spaziergang zu einem Teich, See
Dort beobachten wir das Leben der Tiere und Pflanzen, ein Picknick darf nicht fehlen und alle nehmen ihren Abfall natürlich wieder mit!

Kindgerechte Sachinformationen über die Seerose
im Gespräch und mit Anschauungsmaterial (Fotos, Lexika ...)

Weitere Bilder von Monet vorstellen
Nach einer gewissen Zeit können andere Bilder von Claude Monet erarbeitet werden, damit die Kinder ein Auge bekommen für den „Eindrucksmaler“. Es bieten sich auch noch andere Impressionisten zum Betrachten an.

Information für Erwachsene

Wissenswertes zur Seerose – Lotosblume
Nach Meyers großem Lexikon[13]:
Die Blüte der Seerose kann bis zu 35 cm groß werden, es gibt etwa 40 Arten in rosa, weiß, blau, rot, die weltweit verbreitet sind. Die Blätter können einen Durchmesser von bis zu einem Meter bekommen und bis zu mehrere Kilo tragen (also auch ein kleines Kind!).

Die bekannteste Art, die indische Lotosblume (rosa oder weiße Blüten) kommt im wärmeren Asien, von Japan und Nordost-Australien bis zum Kaspischen Meer vor. Die Lotosblume ist als kosmisches Symbol und als Attribut von Gottheiten bedeutsam (Indien, Ägypten). Zur Symbolbedeutung der Lotosblume läßt sich folgendes sagen:
Die Lotosblume ist ein Symbol für den Menschen in seiner materiell-seelisch-geistigen

13 Bibliographisches Institut Mannheim/Wien/Zürich.

Ganzheit. Sie wurzelt in der Erde, im schlammigen Untergrund (Körper), die Blüte (Symbol für das sich entfaltende Bewußtsein des Menschen) aber hebt sich über das Wasser (Symbol für das persönliche, emotionale Leben) hinaus. So ist der Lotos das Symbol für die Entwicklung der menschlichen Seele, für die Loslösung vom einseitig materiell-körperlichen Bewußtsein und die Öffnung hin zum Geistig-Göttlichen. Die Identifizierung mit der Seerose kann also auf der archetypischen Ebene Entwicklungsweg und Entwicklungsziel des Menschen lebendig werden lassen.

Weitere Seerosenbilder von Monet
„Le bassin aux nymphéas" (1917–1919), Museum Folkwang, Essen.
„Nymphéas blanc et jaunes" (1914–1917) Kunstmuseum Winterthur, Schweiz (nur in den Sommermonaten zu besichtigen).
„Le bassin aux nymphéas, le soir" (1916–1922), Diptychon, Kunsthaus Zürich.

Lebenslauf von Claude Monet

1840 Monet Oscar, Claude geboren am 14. November in Paris.
1846 Monet zieht mit seinen Eltern nach Le Havre um.
1859 Monet geht nach Paris und studiert Malerei.
1867 Monet bekommt mit Camille Doncieux ein Kind, den Sohn Jean.
1870 Monet heiratet Camille.
1878 Monet und Camille mieten ein Sommerhaus in Vetheuil. Alice und die Kinder wohnen nach der Flucht von Ernest Hochedé auch in diesem Haus. Michel Monet wird geboren.
1879 Camille stirbt. Alice kümmert sich um die acht Kinder.
1883 Monet mietet das Haus in Giverny. Umzug der Familie. Alice und deren Kinder ziehen mit ein.
1890 Monet kauft das Haus.
1891 Ernest Hochedé stirbt und wird in Giverny begraben.
1892 Monet heiratet Alice Hochedé, Suzanne Hochedé heiratet den amerikanischen Maler, Théodore Butler. Ein Gärtner und 5 Helfer werden angestellt.
1893 Monet kauft das Grundstück für den Seerosenteich.
1897 Blanche Hochedé und Jean Monet heiraten.
1901 Monet kauft weiteres Land, um den Seerosenteich zu vergrößern.
1907 Monet arbeitet an seiner Seerosenserie.
1908 Monet sieht schlechter, seine Gesundheit ist angegriffen.
1911 Alice stirbt am 19. Mai, Monet malt nur mit größter Mühe.
1914 Jean Monet stirbt. Monet baut ein großes Atelier.
1916 Das große Atelier ist fertig. Monet fängt mit seinen riesigen Seerosengemälden an.
1921 Monets Sehfähigkeit verschlechtert sich wieder.
1923 Monet unterzieht sich einer Augenoperation (grauer Star).
1924 Monet bekommt neue Brillengläser, sein Sehvermögen ist zufriedenstellend.
1926 Die Seerosengemälde sind fertig.
1926 Monet erkrankt im Mai und stirbt am 5. Dezember an einer Lungenkrankheit.

Lebenslauf von Claude Monet – Erzählung für Kinder (Beispiel)

Claude Monet lebte in Frankreich. Das ist ein Nachbarland von uns. *[Ich zeige den Kindern im Atlas oder auf einem Globus, wo Frankreich liegt.]*
War schon jemand von euch dort? Die Sprache, die man in Frankreich spricht, heißt „französisch" und klingt ganz anders als unsere Sprache. Der Maler, den ich euch heute vorstelle, wurde 1840 in Paris geboren und wäre jetzt schon 150 Jahre alt. Aufgewachsen und zur Schule gegangen ist er in einer anderen Stadt, sie heißt Le Havre. *[Hier zeige ich den Kindern im Atlas die Städte Paris und Le Havre.]* Als er 19 Jahre alt wurde, fing er an, Malerei zu studieren. Er heiratete, seine Frau hieß Camille. Mit ihr hatte er zwei Kinder, Jean und Michel. (Merkt ihr schon, wie verschieden die Vornamen zu unseren Vornamen klingen?)
Da er kein Geld hatte, half ihm ein Freund, der Ernest hieß. Der Freund Ernest war mit Alice verheiratet und hatte mit ihr sechs Kinder.
Stellt euch einmal vor, wenn Ernest und Alice zu Besuch kamen, waren acht Kinder im Hause.
Seine erste Frau Camille wurde aber sehr krank und starb. Ernest, sein Freund, floh aus Frankreich, da er sein Vermögen verlor und so waren nur noch Claude Monet, Alice und acht Kinder da.
Ja, so eine große Familie braucht viel Platz! Sie zogen zusammen in ein großes, rosa gestrichenes Haus. Das Schönste daran war, daß es um das Haus herum einen riesigen Garten gab.
Claude Monet liebte Blumen über alles und so kümmerte er sich zuerst um den Garten. Er pflanzte dort Blumen aller Sorten und machte ihn zu einem richtigen kleinen Paradies. Am liebsten waren er, Alice und die Kinder in der Natur.
Anfangs hatte er oft nur wenig Geld, da die Menschen damals seine Bilder gar nicht kaufen wollten. Später aber ging es ihm besser und so konnte er das Haus, den Garten und noch ein großes Stück Land dazu kaufen. Dort legte er etwas Besonderes an, nämlich einen schönen Seerosenteich. Viele Male diente dieser Teich als Malvorlage, zu den verschiedensten Jahres- und Tageszeiten.
Als er älter wurde, sah er immer schlechter, seine Frau Alice wurde krank und starb, darüber war er sehr unglücklich und da konnte er gar nicht mehr gut malen.
Eine Operation an den Augen half ihm, er konnte wieder besser sehen.
Immer wieder malte er die Seerosen, dadurch wurde er sehr berühmt. Mehrere Jahre malte er an einem riesiggroßen Seerosenbild, das einen ganzen Raum ausgestalten sollte.
Im Alter von 83 Jahren starb Monet. Er hinterließ viele wunderschöne Kunstschätze.

5 PABLO PICASSO

„Kind mit Taube" (1901), National Gallery, London

Ziele der Bildbetrachtung

Diese Bildbetrachtung kann ein Kind deutlicher erfahren lassen, daß es für sich Wärme und Zuwendung braucht und sucht, aber auch selbst einem noch hilfsbedürftigeren, schwächeren anderen Wesen das Gefühl von Geborgenheit vermitteln kann.
Die Kinder sollen erkennen, daß das Kind auf dem Bild der Taube Geborgenheit und Wärme schenkt, daß das aber auch zugleich bedeuten kann, daß die Taube vom Kind der Freiheit beraubt wird. Nur durch das Freilassen der Taube können Kind und Taube Freunde bleiben. Das wichtige Thema „Distanz und Nähe" wird so bewußt gemacht.
So wird den Kindern das Wesentliche über den Umgang mit Tieren vermittelt: Mensch und Tier brauchen einander, können Freunde sein. Die Kinder können ihr bisheriges Verhalten Tieren gegenüber reflektieren und eventuell sogar berichtigen. Kinder erfahren, daß auch sie jemandem in der Not helfen können, so wie in diesem Fall das Kind der Taube hilft.

Kinder vertiefen oder klären Begriffe wie:
Beschützen – behüten – pflegen – hergeben und loslassen. Sie können so zur Einstellung geführt werden: Ein Tier ist kein Eigentum, man muß ihm Freiraum lassen, so wie den Mitmenschen auch.
Die Aufarbeitung von Problemen und Erlebnissen in Bezug auf Tiere, auf Freundschaft allgemein, sind möglich.
Die Kinder sollen erfahren, daß man vom Gesicht eines Menschen Gefühle ablesen kann.
Die Kinder sollen eigene Gefühle, Erlebnisse und Eindrücke auch verbalisieren können, Erlebnisse des Alleinseins, der Ungeborgenheit, der Geborgenheit, der Angst, der Freude usw.
Je nach Alter und Schwerpunkt der Betrachtung kann das Bild auch zur Beschäftigung mit dem Thema „Frieden" führen.
Wenn man auf die Kleidung des Kindes im Bild eingeht, können die Kinder auch etwas über das Leben, die Kleidungsgewohnheiten früherer Zeiten erfahren.
Das Bild eignet sich auch sehr gut, das Verständnis von Farben und Formen, von Hintergrund und Vordergrund zu vertiefen.
Nicht zuletzt werden die Kinder zur Kunst hingeführt, das Kind bekommt Kenntnisse über den Maler und einen vertieften Kontakt zu diesem bekannten Bild, etwa wenn es erfährt, daß sich unter diesem Gemälde „Kind mit Taube" ein Frauenbildnis befindet. (Das wurde mit einer speziellen Technik festgestellt.)

Bildbetrachtung

Vorbereitung

Raum vorbereiten entsprechend den Anregungen im 1. Kapitel (S. 16f).

Material
Kunstdruck oder Dia, eventuell Ball, Körbchen und Tuch.

Einstieg

Wählen Sie einen Einstieg wie im Kapitel 1 (S. 18f) beschrieben.

Betrachtung mit sozialem Aspekt in der Interpretation

Hinweis: Bei diesem sozialen Aspekt der Interpretationsweise ist es wichtig, einen Bezug zur realen Erlebniswelt des Kindes zu schaffen, um die gesetzten Ziele und auch eine aktive Teilnahme am Gespräch, am Erleben des Themas zu erreichen. Den Kindern ist es ein Bedürfnis, über ihre Erlebnisse zu berichten. Um die Bildbetrachtung zu einem Erlebnis werden zu lassen, fordern Sie die Kinder auf, sich in die Taube und auch in die Situation des Kindes auf dem Bild hineinzuversetzen. Besser noch: zur Taube, zu diesem Kind zu werden. Ausgehend von den dabei entstehenden Erlebnisreaktionen kann der Erwachsene dann über das Ansprechen des Verstandes und der Gefühlswelt der Kinder nun zum Verständnis und eventuell auch zur Verhaltensänderung der Kinder beitragen.

Durchführung

Beispielfragen
E: Was seht ihr auf dem Bild?
K: Kind, Mädchen, Taube, Ball ...
E: Es könnte ein Mädchen, aber auch ein Junge sein. Schaut die Haare, die Frisur genauer an. Früher trugen Jungen, als sie noch sehr klein waren, auch Kleider, keine Hosen.

[Eventuell ein Foto eines Kindes von früheren Zeiten zeigen.]

E: Was könnte passiert sein? Was fehlt der Taube?
K: Die Taube wurde gefangen, ist krank, hat sich einen Flügel gebrochen, ...
E: Warum hält das Kind die Taube in den Händen? Läßt sich eine normale Taube in den Händen halten?
K: Nein, die würde pieksen, flattern ...
E: Wie hält das Kind die Taube?
K: Vorsichtig, zart ...
E: Faltet einmal eure Hände so wie das Kind auf dem Bild, so als würdet ihr auch die Taube halten. Ist dies vorsichtig?

[Die Kinder können sich so leichter einfühlen.]

K: Ja, ja ...
E: Möchtet ihr auch so lieb in den Arm genommen werden oder jemanden so lieb in den Arm nehmen?
K: Ja, ich will, daß mich meine Mami so in den Arm nimmt ...

„Kind mit Taube", Pablo Picasso (1901)

E: Mag hier die Taube das auch, daß sie vom Kind so in den Händen gehalten wird?
K: Die schon, die hält sich still, der gefällt es, ... nein, die hat Angst, der gefällt es nicht, ...
E: Die Taube braucht wohl keine Angst zu haben. Warum denn?
K: Das Kind ist ja lieb zu ihr.
E: Wie schaut das Kind, was sagt sein Gesichtsausdruck?
K: Das Kind schaut traurig, es hat Angst, vielleicht weint es gleich.
E: Warum schaut das Kind wohl traurig?
K: Weil die Taube krank ist, weil die Taube wieder weg will ...
E: Wie fühlt sich jetzt die Taube?
K: Die Taube hat Angst ..., nein, sie ist schon wieder gesund ..., die Taube will weg ...
E: Die beiden müssen vielleicht Abschied nehmen. Wo möchte denn die Taube am liebsten hin?
K: Zu den Eltern, zu den Geschwistern, zu den Freunden, nach Hause ...
E: Sind die beiden Freunde?
K: Ja ...
E: Zum Leben gehören Freunde, wie ist es, wenn ihr mit eurem Freund gestritten habt? Geht es euch dann wirklich gut?
K: Nein, ich bin traurig, ich habe Angst, daß er mich nicht mehr mögen könnte ...
E: Was würdet ihr am liebsten tun?
K: Wieder vertragen, sich entschuldigen, dem Freund etwas schenken, wenn man ihm vorher etwas genommen hat ...
E: Oftmals sind wir dann eigensinnig und wollen nicht nachgeben. Viele Menschen verstehen sich überhaupt nicht mehr, sie streiten und wollen nie einlenken, nachgeben. Sie sind keine Freunde. Deswegen gibt es so viele Kriege auf der Welt.
E: Kann man mit Tieren so spielen wie mit Kindern?
K: Ja – nein ...
E: Kann man mit der Taube oder überhaupt mit Tieren so spielen, wie mit Spielsachen, wie mit dem Ball, links unten auf dem Bild?
K: Nein! Mit der Taube kann man nicht toben, die mögen das nicht, die können gar nicht spielen, die Taube kann man nicht so hochwerfen wie den Ball ...
E: Wie fühlt sich die Taube an?
K: Warm, weich, lieb ...
E: Wie fühlt sich der Ball an?
K: Rund, glatt, kalt ...
E: Was kann man mit dem Ball alles machen?
K: Spielen, hochwerfen ...
E: Darf man ein Tier hochwerfen?
K: Nein, das tut weh!
E: Womit würdet ihr lieber spielen, mit der Taube oder mit dem Ball?
K: Mit der Taube, weil die so lieb ist.

Abschluß – Transfer

E: Wer von euch hat ein Tier zuhause?

[Kinder erzählen.]

E: Seid ihr Freunde?
K: Ja! Mein Hund und ich ...
E: Was brauchen eure Tiere an Hilfe und Pflege von euch?

[Kinder erzählen.]

E: Wir haben vorher schon besprochen, daß die Taube wieder zu ihren Eltern, Geschwi-

stern und Freunden will. Könnte sich das Mädchen mit der Taube unterhalten? Was würde es ihr wohl sagen?
K: Flieg bitte nicht fort, ich habe dich so lieb, besuch mich mal wieder, ja, und bringe deine Eltern oder Geschwister mit ...
E: Was würden sie also ausmachen?
K: Sie werden sich wieder treffen, das Kind stellt immer ein Futterschälchen für die Taube auf ...
E: Die Taube und das Kind sind doch Freunde. Würden sie auch Freunde bleiben, wenn das Kind die Taube bei sich behalten, also nicht wegfliegen lassen würde?
K: Nein, die Taube will ja weg, die würde beißen, wenn sie festgehalten wird, ... ja die würde pieksen, ... sie wären dann keine Freunde mehr ...
E: Die beiden können also nur Freunde bleiben, wenn das Kind die Taube wieder losläßt, ihr die Freiheit schenkt.

Schluß: Lassen Sie die Kindern einen Titel für dieses Bild finden.

Erweiterung

Märchen-Aspekt
E: Wer kennt ein Märchen, in dem eine Taube darin vorkommt?
Hier ergibt sich dann von selbst meist „Aschenputtel". Besprechen Sie mit den Kindern, wie hier die Taube geholfen hat. Stellen Sie eventuell einen Bezug zum Bild „Kind mit Taube" von Picasso her: Vielleicht hilft auch hier die Taube dem Kind über ein Problem hinweg. Man kann an dieser Stelle Probleme des Alleinseins, der Einsamkeit, der Trauer, des Schmerzes, ohne Freunde und Spielkameraden zu sein, ansprechen.

Religiöser Aspekt
Wer kennt eine Geschichte in der Bibel, in der eine Taube vorkommt?
[Erzählen lassen oder selbst erzählen, wenn längere Zeit keine Antwort kommt:] Es geht hier um die Geschichte von der Sintflut, die man nicht nur historisch sehen, sondern auch symbolisch für eine alles Leben vernichtende Katastrophe nehmen kann. Das Ende dieser Katastrophe wird in der Bibel durch eine Taube angekündigt. Noah öffnet nach 40 Tagen das Fenster der Arche und läßt eine Taube ausfliegen, die erkunden soll, ob sich das Wasser schon verlaufen hat auf Erden. Die erste Taube kommt wieder zurück, weil überall noch Wasser war und sie sich nicht auf der Erde niederlassen konnte. Als Noah nach sieben Tagen Wartezeit erneut eine Taube ausschickt, kommt diese mit einem Ölzweig im Schnabel zurück. So konnte man sehen, daß nur noch wenig Wasser auf der Erde stand. Die Katastrophe hatte damit ein Ende genommen. Die Taube mit dem Ölzweig ist also eine Botschafterin, die Frieden, Ruhe, den Beginn eines neuen Lebens ankündigt, wenn sich die Wirrnisse einer individuellen oder auch kollektiven Lebenskrise aufgelöst haben.
Die Taube wirkt in ihrem Wesen sanft, kann sich frei überall in der Luft bewegen, kennt keine Hindernisse beim Flug in die höheren Welten, stellt also eine Verbindung zu den helfenden höheren Kräften und damit auch zum Göttlichen her. So wird die Taube auch

zum Symbol des Heiligen Geistes, der die ganze geschaffene Welt durchdringt. Solch eine Symboldeutung kann man ebenso mit Hinweisen darauf verbinden, daß der Frieden schaffende *Geist Gottes* immer und überall im Verborgenen gegenwärtig ist, auch wenn äußerlich betrachtet häufig ein anderer Anschein da ist.

Vertiefungsmöglichkeiten

Rhythmikstunde mit Federn und Bällen

Ziele

Grobziel:
Erleben der Gegensätze von Ball und Feder

Feinziele:
Erleben von Begriffen,
bezogen auf den Ball: rund, glatt, hart, springt, hüpft, rollt,
bezogen auf die Feder: weich, zart, schwebt (Leichtigkeit des Vogels).
Förderung der Identifizierungsfähigkeit und Imaginationskraft: „ich bin der Ball“, ich bin die Feder“.
Schulung des Reaktionsvermögens durch das Verstehen und sofortige Umsetzen der Signale.
Schulung des Tastsinnes durch das Spüren und Fühlen der Eigenschaften des Balles und der Feder.
Schulung der Grobmotorik durch vorsichtiges Gehen, durch das Tragen von Feder und Ball.

Material
Für jedes Kind ein Ball und eine Feder. Ein Tuch oder ein Fächer für den Erzieher.

Einstieg
Die Kinder sitzen auf dem Boden und holen sich einen Ball aus dem Korb, der in der Mitte steht. Sie fühlen und erfahren die glatte Oberfläche und die runde Form, die dann besprochen wird. Die Farbe des Balles wird benannt und natürlich auch, auf welchem Bild so ein Ball zu sehen war, wo dieser lag usw.

Übungen
1. Kinder stehen mit dem Ball in der Hand auf. Der Erwachsene stellt mit einem Tuch oder Fächer den Wind dar. Bei Wind lassen die Kinder den Ball fallen und heben ihn auch wieder auf. Diese Übung wird zwei- bis dreimal wiederholt.
2. Kinder stehen im Raum verteilt, die Augen sind geschlossen. Der Erwachsene geht zu einem Kind, läßt dieses den Wind spüren. Das Kind läßt den Ball fallen. Diese Übung wird nacheinander mit allen Kindern gemacht.
3. Kinder tragen den Ball auf der ausgestreckten Handfläche spazieren, dazu läuft Entspannungsmusik von der Kassette.

4. Kinder sitzen in der Hocke am Boden, sie machen sich ganz klein und rund. Der Erwachsene nennt die Eigenschaften des Balles, die vorher besprochen wurden und die Kinder stellen sich vor, sie seien der Ball, fühlen sich so in die entsprechenden Eigenschaften ein.
5. Der Erwachsene spielt den Wind mit dem Fächer oder Tuch und die Kinder rollen hin und her wie ein Ball solange der Wind weht.
6. Es rollt immer nur der „Ball", der den Wind spürt. Dabei geht der Erwachsene wieder von Kind zu Kind und fächelt ihm Wind zu.
7. Kinder sitzen im Kreis, ein Körbchen mit Federn wird herumgegeben und jedes Kind nimmt sich eine Feder heraus.
Die Kinder werden angeregt, die Feder genau zu betrachten, bewußt zu befühlen, daraus ergibt sich ein Gespräch über Farbe, Form, Eigenschaften der Feder.
8. Die Kinder dürfen mit der Feder ihre Hand, den Arm, das Gesicht streicheln, anschließend auch bei ihrem Nachbarn oder Freund.
Im Gespräch wird nun der Unterschied Feder – Ball herausgearbeitet.
9. Bei „Wind" lassen die Kinder die Feder fallen. Sie werden dazu aufgefordert, genau zu beobachten, wie die Feder fällt, schwebt.
Der Unterschied Feder – Ball beim Fallen wird besprochen.
10. Wie Übung Nr. 2, aber mit Feder; die Kinder achten besonders darauf, wie die Feder schwebt.
11. Die Kinder tragen vorsichtig die Feder auf ausgestreckter Handfläche spazieren, solange die Musik läuft.
12. Wie Übung Nr. 3 aber mit Feder.
13. Wie Übung Nr. 4 aber mit Feder.
14. Die Kinder sitzen im Kreis am Boden, die Augen sind geschlossen. Das Kind, welches vom Erwachsenen mit einer Feder berührt wird, darf diese in ein in der Mitte stehendes Körbchen legen. Dabei sollen sich die Kinder so leise bewegen, wie eine Feder.
15. Es weht ein starker (Herbst-) Wind. Die Kinder dürfen aufstehen und als Feder durch den Raum wirbeln, solange der Wind weht.
16. Die Kinder liegen am Boden und hören Musik; gut geeignet ist ein Teil aus *Vivaldis* „Vier Jahreszeiten – Herbst".
17. Die Kinder liegen ruhig auf dem Boden, als ob sie schliefen. Erst wenn sie den Wind spüren, dürfen sie sich wieder bewegen. Der Erwachsene streichelt alle Kinder nacheinander mit einer Feder wieder wach. Dies kann aber auch jeweils reihum von einem anderen Kind übernommen werden, das dann seinen Freund wachstreichelt.

Abschluß der Rhythmikstunde

Die Kinder legen gemeinsam ein Muster oder ein Bild mit „Bällen".
Dazu werden runde Legeplättchen gebraucht, Scheiben aus Karton geschnitten oder Perlen verwendet. Währenddessen läuft die Musik weiter. Der Schluß wird angekündigt, das Werk bewundert und natürlich auch eine Zeit lang liegen gelassen.

Variation
Die Kinder legen mit Federn eine Taube.

Gestalten einer Taube

Tauben werden aus Karton geschnitten und mit Federn beklebt.

Ziele
Diese Arbeit soll die Kinder in erster Linie mit dem Bildinhalt verbinden und eine kleine Erinnerung an die Bildbetrachtung sein. Auch das freie Zeichnen sowie das Schneiden und Kleben werden geübt.

Material
Weißer Karton, Schere, weiße Federn (bekommt man häufig freundlicherweise in Bettfederngeschäften geschenkt),
Klebstoff, Perlen für das Auge der Taube.
Blumenstäbe aus Holz und eventuell Schleife zum Verzieren (für den ersten Vorschlag),
Faden zum Aufhängen der Tauben (für den zweiten Vorschlag).

Arbeitsanleitung
Die Kinder zeichnen ihre Friedenstaube auf den Karton und schneiden sie aus. Die Taubenform wird nun Schritt für Schritt mit Klebstoff bestrichen und mit Federn beklebt. Dabei sollte den Kindern gestalterischer Freiraum gelassen werden. Für das Auge kann eine Perle verwendet werden, die Kinder können Auge und Schnabel aber auch aufmalen.

Erster Dekorationsvorschlag
Die Taube wird auf einen Blumenstab geklebt. Dazu muß sie zweimal angefertigt werden, d.h. sie muß doppelt ausgeschnitten aber spiegelbildlich beklebt werden! Die beiden Taubenteile werden zusammengeklebt, dazwischen kommt der Stab.
Der Stab kann noch mit einer Schleife verziert und in einen Blumenstock oder eine Vase gesteckt werden.

Zweiter Dekorationsvorschlag
Die Taube wird mit einem Faden zum Aufhängen versehen. Wichtig ist hier die richtige Befestigung des Fadens. Damit die Taube im Lot hängt, nicht nach vorne oder hinten kippt, also schön „fliegt", muß bei jüngeren Kindern wahrscheinlich geholfen werden.

Vogelfutter herstellen

Mit den Kindern selbst Vogelfutter herstellen in der Form eines Meisenrings oder Meisenknödels.

Ziele
Die Kinder können die besprochenen Werthaltungen, nämlich für Tiere zu sorgen, in die Tat umsetzen. Dabei machen sie auch Erfahrungen mit physikalischen Gesetzmäßigkeiten. Sie erleben, daß Fett bei Erwärmung flüssig und bei Erkalten wieder fest wird.

Material
Kokosfett, Vogelfuttermischung aus der Tierhandlung, leere Käseschachteln, Nadel und Faden zum Aufhängen des Rings oder Netze von Zitronen- und Orangenverpackungen.

Zubereitung
Das Fett in eine Pfanne geben und bei kleiner Hitze schmelzen lassen. Vorsichtig wird nun in das heiße Fett das Vogelfutter gestreut, verrührt und zum Abkühlen beiseite gestellt. Inzwischen bringt man an der Käseschachtel eine Aufhängung an. Sobald die Mischung dickflüssig ist, diese in die Schachtel gießen und zum weiteren Abkühlen beiseite stellen. Dabei wird die Masse hart und der Meisenring ist fertig.
Für die Meisenknödel muß man abwarten, bis die Masse relativ fest und abgekühlt ist. Die Kinder dürfen die Knödel formen, diese dann in ein Netz geben, zubinden – und fertig ist der selbstgemachte Meisenknödel.
Schön ist es, wenn das Vogelfutter an einem (selbstgemachten) Vogelhäuschen aufgehängt wird und vor dem Fenster zum Beobachten aufgestellt ist.

Gefühlsausdruck üben

Vor dem Spiegel Mimik und deren Aussage erarbeiten: Das Kind ahmt mit dem Gesicht eine Stimmung nach, zum Beispiel lustig, traurig, „normal", ernst usw. und sieht dabei in den Spiegel. Der Erwachsene fragt dann nach: Woran erkennt man jetzt, daß du traurig aussiehst? (z.B. nach unten gezogene Mundwinkel usw.)

Mimik-Spiel

Ziele
Hier können Kinder spielerisch ihre Erlebniswelt zum Ausdruck bringen, Beobachtungsgabe trainieren und Einfühlungsvermögen entwickeln. Das hilft ihnen, sich in das Gemälde bei der Betrachtung einzufühlen.

Durchführung
Die Kinder sitzen im Stuhlkreis und versuchen, nacheinander verschiedene Stimmungen zu nennen, zum Beispiel traurig, ernst, lustig, zornig ... und jeweils die passende Mimik dazu zu machen.

Variation: Ein Kind sagt dem Erwachsenen eine Stimmung leise ins Ohr und macht diese dann den anderen Kindern vor. Der Erwachsene bestätigt dann, wenn die anderen Kinder richtig geraten haben.

Aus Ton Taube oder Kind modellieren

Ziele
Zum Modellieren ist Ton das elementarste und natürlichste Material. Der weiche und gut formbare Werkstoff ist für Kinder jeder Altersstufe sehr gut geeignet; er erweitert die taktile Sensibilität. Kinder gehen meist mit Freude an das Material heran. Durch das Modellieren einer Taube oder einer Kinderfigur stellen die Kinder eine tiefe Verbindung zum Bildinhalt her. Später, wenn das modellierte Stück getrocknet und gebrannt ist, sollte man die Kinder damit spielen lassen. Sie identifizieren sich mit den Figuren und verarbeiten die Gesprächsinhalte und die Aussagen, die aus der Bildbetrachtung entstanden sind.

Methode
Es kann natürlich vorkommen, daß das eine oder andere Kind eine Abneigung gegen diese braune, „dreckige“ Masse Ton hat. Es will sie keinesfalls anfassen und sich dabei „schmutzig“ machen. Diese Kinder brauchen Zeit und Zuwendung. Der Erwachsene sollte eventuell das Verhalten des Kindes intensiver beobachten und im teilnehmenden Gespräch vielleicht eine Ursache für die Abneigung des Kindes gegen Ton erspüren. So können sich daraus Ansätze für Korrekturmöglichkeiten ergeben, die aber niemals direkt, sondern nur beiläufig eingeflochten sein sollten. Auf alle Fälle sollte man den Kindern die Arbeit mit Ton frei stellen und Zeit zum Experimentieren lassen, bevor eine konkrete Aufgabe, wie z.B. das Modellieren einer Taube, gestellt wird. Also: stufenweise und möglichst spielerisch aufbauen und langsam an eine Aufgabenstellung heranführen. Das fertige Produkt akzeptieren so wie es ist, auch wenn es den Erwachsenen nicht im geringsten an eine Taube erinnert!

Weitere Anregungen

Tauben (und andere Vögel) beobachten und füttern
Beachten Sie dabei bitte, wo das Füttern von Tieren erlaubt bzw. verboten ist.

Vogelstimmen hören
Für das Schulalter gibt es Schallplatten mit Vogelstimmen und Begleitheft im Umweltministerium (Bayerisches Staatsministerium für Landesentwicklung und Umweltfragen, Rosenkavalierplatz 2, 8000 München 81, Telefon (0 89) 92 140).

Kinder malen ihr Lieblingstier mit Ball.

Thema Vogelschutzgebiete besprechen
Wozu sind diese Schutzgebiete nötig, was hätte es für Auswirkungen, wenn es sie nicht gäbe usw.?

In den Tierpark gehen (Vogelhaus)

Einen Brieftaubenzüchter besuchen
Sich dort über die Brieftauben und den Umgang mit ihnen, auch über Erlebnisse berichten lassen. Falls es möglich ist, von dort eine schöne Nachricht, gute Wünsche verschicken.

Taube auf Postkarten
Eine Taube gestalten (in Spritztechnik oder mit verschiedenfarbigen Tonpapier), aufkleben und die Karte dann mit guten Wünschen oder einem Friedensgedicht von den Kindern versenden lassen.

Bilderbücher, Sachbücher zum Thema anschauen

Tauben falten, reißen, schneiden

Kinder malen sich oder ihr Lieblingstier mit einem Ball oder mit der Taube
mit dickem Pinsel und Kleisterfarbe.

Kekse in Taubenform backen (Mürbteig)

Aus Salzteig Tauben ausstechen
Es ist zweckmäßig, hier ebenfalls mit Plätzchenform zu arbeiten, also flach, da größere Objekte aus Salzteig schlecht trocknen.

Gespräche über die Themen „Frieden", „Freundschaft"

Geschichten mit Tiererlebnissen von den Kindern erzählen lassen

„Märchen mit Taube" schreiben lassen
Bei jüngeren Kindern, die noch nicht schreiben können, erzählen lassen und mitschreiben oder Tonbandprotokoll anfertigen.

Turnstunde mit Bällen

Kinder malen ihr Lieblingstier mit Ball

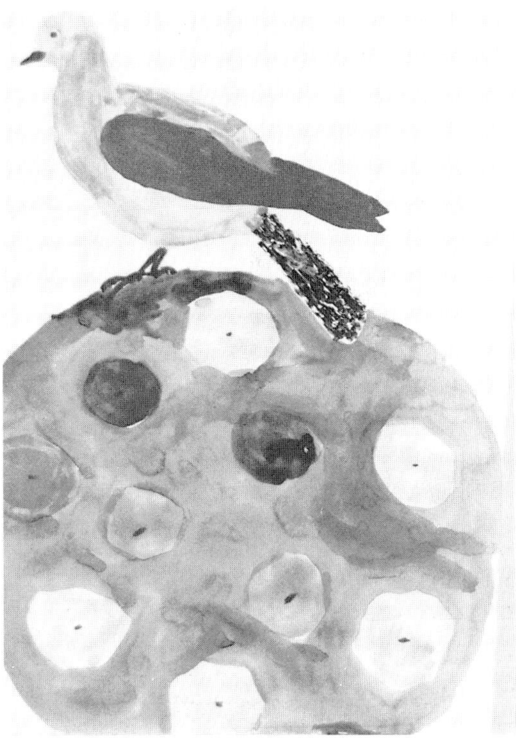

Information für Erwachsene

Betrachtungstext

Vor Picassos Kind mit Taube

Herztaube,
die wir nicht halten konnten,
– wer weiß wo verendet, –
das Kleid der Einfalt,
die wir verrieten,
das inniggraue,
der Ball der runden Lust,
den wir verworfen haben
verlassener Horizont
zwischen Himmel und Gras ...
Was wollten wir nicht alles bergen!?
während versehrbares Leben
zu heilen Bildern gerann,
sind Kinder und Tauben verblutet.[14]

Lebenslauf von Pablo Picasso

Picasso ist Wegbereiter und einer der wichtigsten Repräsentanten der modernen Malerei des 20. Jahrhunderts.
Am 25. Oktober 1881 wird Pablo Picasso in Malaga, Südspanien geboren. Sein Vater ist Zeichenlehrer und fördert seinen Sohn sehr.
1895 studiert Picasso – knapp 15 Jahre alt – an der Akademie La Lonja in Barcelona.
1904 bis 1947 lebt Picasso in Paris, geht anschließend nach Südfrankreich.
1901 bis 1904 Beginn des persönlichen Stils mit der melancholischen „Blauen Periode", aus dieser Zeit stammt „Kind mit Taube".
1905 bis 1907 „Rosa Periode" (hellere und wärmere Farben, „Zirkusbilder")
1907 bis 1914 Analytische kubistische Periode, fasziniert von primitiver Kunst speziell afrikanischen Ursprungs malt Picasso das Bild „Les Demoiselles d'Avignon", das bedeutendste Werk in der Entwicklung des Kubismus.
1914 bis 1918 synthetische kubistische Periode mit dem Gebrauch von Collagen.
Ab 1925 zeigen sich in den Werken Picassos surrealistische Einflüsse, besonders eindrucksvoll in dem aufsehenerregenden Bild „Guernica", das Picasso 1937 für den spanischen Pavillon der Weltausstellung malt.
In den späteren Jahren wiederholte Picasso hauptsächlich Themen und Stile, die er schon vorher entwickelt hatte. Zeitlebens experimentierte er aber auch mit neuem Material und neuen Ausdrucksformen.
Der Warschauer Friedenskongress verlieh 1950 Picasso für die engagierte Unterstützung der Weltfriedensbewegung den Friedenspreis. Darüber hinaus stellte Picasso der Weltfriedensbewegung Taubenmotive („Friedenstaube") zur Verfügung.
1973, am 8. April, stirbt Picasso in Mougins (Alpes Maritimes).

[14] Aus BUSTA, Christine: „Unterwegs zu älteren Feuern," Otto Müller Verlag Salzburg

6 GIUSEPPE ARCIMBOLDO

„Der Sommer" (1563) Kunsthistorisches Museum Wien
„Vertumnus" (1590) Skoklosters Slott, Schweden

Auf diesem prächtigen Gemälde[15] sind die Blumen und Früchte mit großer Genauigkeit gemalt. Jede Frucht, jede Blüte, jedes Detail ist genau ausgearbeitet. Als naturgetreu kann es aber nicht bezeichnet werden, denn sicher wachsen diese Früchte und Blüten nicht alle zur selben Jahreszeit. Diese Art von Arrangements, bei denen Malobjekte nach der Vorstellung des Künstlers zusammengestellt und angeordnet sind, nennt man Stilleben.
Arcimboldo zeigt hier auf spaßige, herausfordernde, für manche vielleicht auch schockierende Weise die Fülle der Natur. Er komponierte eine ganze Reihe solcher Gemälde.

Ziele der Bildbetrachtung

Kreative und künstlerische Gestaltungsmöglichkeiten und Ausdrucksweisen werden erlebt. Kindern wird der Reichtum an Früchten bewußt. Sie erfahren oder vertiefen die Namen der Früchte. Sie können zum bewußteren Essen von Früchten hingeführt werden. Das Thema „Erntedank" kann durch einen Beitrag aus der Kunst bereichert werden.

Die Kinder werden hier lernen, genau zu betrachten, auf Details zu schauen. Begriffe wie Farben und Formen, Namen von Gesichtsteilen werden erarbeitet oder vertieft. Nicht zuletzt wird die Phantasie stark angeregt. Durch das Einkaufen und Kochen wird die Selbständigkeit der Kinder gefördert.

Bildbetrachtung

Vorbereitung

Den Raum gestalten, eine Betrachtungsatmosphäre schaffen wie in Kapitel 1 (S. 16f) vorgeschlagen.

Material
Kunstdruck oder Dia des Bildes besorgen, verschiedene Früchte und Blumen, wie sie auf dem Gemälde zu sehen sind sowie ein Körbchen und ein Tuch bereitstellen.

---

[15] Ersatzweise können auch Bilder der anderen Jahreszeiten verwendet werden.

Einstieg

Wählen Sie einen Einstieg aus Kapitel 1 (S. 18f) oder aber folgende Möglichkeit: *Kinder fühlen Früchte* in einem zugedeckten Körbchen und beschreiben die Form. Jüngere Kinder zeigen diese mit ihren Händen. Dann wird das Tuch entfernt. Ein Gespräch über die Erntezeit kann sich anschließen. Nun einen Übergang zum Bild herstellen.

Durchführung

Die Kinder enthüllen das Bild und finden es sicher lustig, zu entdecken, was da alles gemalt wurde. Alle Früchte und Blumen werden benannt und beschrieben. Hierbei auf die Vielfalt der Früchte, auf die Form und Farbe hinweisen und eingehen. Die Kinder überlegen lassen, warum der Maler wohl die eine oder andere Frucht für einen speziellen Teil des Gesichtes verwendet haben mag.

Beispielfragen
E: Ich habe euch heute ein Bild mitgebracht, auf dem unsere Früchte aus dem Körbchen zu sehen sind, ja, und eigentlich noch viele mehr. Wißt ihr die Namen dieser Früchte, könnt ihr sie mir jetzt sagen?
K: Weintrauben, Birne, Mais, Blumen ..., das ist ein Mensch, das ist ein Mann ...
E: Ja, wir sehen viele Blumen, Obstsorten, Gemüsesorten und seht einmal genauer hin, was steht vom Kopf weg, wie nennt man das?
K: Getreide ...
E: Welche Früchte gehören hier zum Begriff Obst?
K: Birne, Trauben, Kirschen ...
E: Sehr gut, und welche Früchte gehören zum Gemüse?

Über Gaumenfreuden zum Gemälde

„Der Sommer", Giuseppe Arcimboldo (1563)

K: Zwiebel, Aubergine, Kohl ...
E: Ja, genau, und vorher hattet ihr gesagt, ihr seht einen Mann, einen Menschen auf diesem Bild. Richtig, der Maler hat sich hier nämlich einen Spaß erlaubt. Er hatte die Idee, für die Gesichtsteile und den Oberkörper, jeweils eine passende Frucht oder Blume zu wählen. Was ist der Oberkörper? Zeigt an euch euren Oberkörper.

[K: Kinder zeigen an sich den Oberkörper und ein Kind darf ihn auf dem Bild zeigen.]

Der Reihe nach werden die Gesichtsteile in ihrer Form und die vom Maler verwendete Frucht miteinander verglichen. Die Kinder überlegen, warum der Maler die eine oder andere Frucht als Nase, als Mund usw. verwendet haben mag, und sie finden es sicher lustig, wie der Maler seine Ideen verwirklichte.

Abschluß und Transfer

Der Erwachsene weist auf die Vielfalt der Geschenke hin, die die Natur für uns hat und spricht über die Bedeutung der Früchte als Nahrung für uns.
Die Kinder finden einen Namen für das Bild. Der Erwachsene teilt den Originaltitel mit und läßt die Kinder begründen, warum dieser Titel geeignet ist. Der Bezug zum Herbst, zur Erntezeit (bzw. zur jeweiligen Jahreszeit je nach gewähltem Bild) wird damit wieder hergestellt.

Vertiefungsmöglichkeiten

Zubereitung eines Obstsalates

Zutaten
Verschiedene Früchte (pro Kind eine Frucht), 1 Zitrone, Honig nach Belieben.

Zubereitung
Kinder waschen sich die Hände und dann das Obst. Gemeinsam wird zusammengestellt, was alles für die Zubereitung des Obstsalates gebraucht wird, dabei können die Kinder bereits vorhandene Erfahrungen einbringen.
Jedes Kind bekommt ein Stück Obst, welches es abschälen und kleinschneiden darf. Alles zusammen kommt in eine große Schüssel. Ein bis zwei Kinder pressen die Zitrone aus und gießen den Saft über das Obst, damit es nicht braun wird. Ein anderes Kind wiederum gibt den Honig hinzu. Jedes Kind darf den Obstsalat vorsichtig vermengen.
Jedes Kind sollte einem anderen Kind Obstsalat in sein Schälchen geben.
Gemeinsames Tischdecken und Aufräumen gehören selbstverständlich dazu.

Kürbis-Gesicht

Aus einem Kürbis ein leuchtendes Gesicht gestalten und aus dem Fruchtfleisch eine Kürbissuppe oder ein Kürbiskompott zubereiten.

Material
Ein Kürbis oder auch mehrere, nicht allzu große Kürbisse, Löffel, Kugelschreiber,

Küchenmesser, Schüssel für Abfall, Schüssel für Fruchtfleisch, Teelichter.

Durchführung
Den Kindern zuerst das Vorhaben erklären, teilweise auch Arbeitsschritte demonstrieren und natürlich auf die Gefahren im Umgang mit dem Messer hinweisen, oder noch besser von den Kindern selbst erläutern lassen. Sie wissen meist genau, worauf sie achten müssen, aber eine kleine Erinnerung schadet in diesem Fall nie.

Aushöhlen
Ein Kind schneidet mit dem Messer einen Deckel vom Kürbis ab. Jedes Kind darf der Reihe nach das Fruchtfleisch mit dem Löffel herausnehmen. Dabei darauf achten, daß das Fruchtfleisch sehr sorgfältig entfernt wird. Eine dünner Kürbis trocknet schneller. Und die Gefahr, daß der Kürbis schimmelig wird, ist damit auch verhindert.

Gesicht einschneiden
Jeweils ein Kind zeichnet mit dem Kugelschreiber Augen, Nase Mund, Ohren, die danach von diesen oder anderen Kindern ausgeschnitten werden dürfen. Wiederum andere Kinder dürfen die Teelichter hineinstellen und anzünden.
Der erleuchtete Kürbis wird unter das aufgehängte Bild „Vertumnus" gestellt.
Das ausgehöhlte Fruchtfleisch im Kühlschrank kalt stellen, damit dann später mit den Kinder ein Kompott davon gekocht werden kann.

Rezept für Kürbiskompott

Zutaten
etwa 750 g Fruchtfleisch vom Kürbis, 3/4 l Wasser, 250 – 300 g Zucker, 6 – 8 EL Zitronensaft, Schale einer Zitrone, 1 Stange Zimt, einige Ingwerstücke.

Zubereitung
Fruchtfleisch in kleine Stücke schneiden. Den Sud mit Geschmackszutaten aufkochen und abschmecken. Kürbisstücke portionsweise in den kochenden Sud geben, aufkochen lassen, bei kleiner Hitze zugedeckt ziehen lassen bis die Kürbisstücke glasig sind. Danach die Stücke aus dem Sud nehmen und in eine Schüssel legen. Mit den weiteren Portionen ebenso verfahren. Ist das ganze Fruchtfleisch gekocht, wird der Sud durch weiteres Kochen noch mehr eingedickt. Anschließend die Gewürze abseihen und den Sirup über die Fruchtstückchen geben.[16]

Zubereitung eines Apfeltees

Zutaten
Ungespritzte Äpfel, Apfelschäler, größere Nadel und Zwirn.

Zubereitung
Zuerst die Äpfel schälen. Die Schalenstückchen mit Nadel und Zwirn auffädeln und zum Trocknen aufhängen (wirkt zudem auch sehr dekorativ). Danach die getrocknete Schale in

[16] Rezept nach REUYS, Eva / VIEHOFF, Hanne: „Feste kreativ gestalten", Don Bosco Verlag, S. 229.

dunkle Gläser oder in eine Dose füllen und die Kinder daran riechen lassen!

Teekochen
Für eine Tasse Tee benötigt man eine Tasse Wasser und einen Eßlöffel Apfelschale. Beides 5 Minuten kochen lassen, abseihen und eventuell mit Honig süßen. Das schmeckt warm, aber auch kalt als Erfrischungsgetränk.

Weitere Anregungen

Bewußt Obst essen
am besten gleich im Anschluß an die Bildbetrachtung.

Obstbild legen
Mit den Kindern auf den Markt oder in ein Obstgeschäft gehen und die Kinder dort die Früchte selbst einkaufen lassen. Zuhause dürfen dann die Kinder nach Herzenslust versuchen, ein ganz konkretes „Obstgesicht" zu legen.
Hier muß jedoch nicht das Gemälde genau nachgelegt werden. Die Phantasie der Kinder entwickelt sicherlich neue Ideen.
Die Abbildungen zeigen, wie es aussehen könnte.

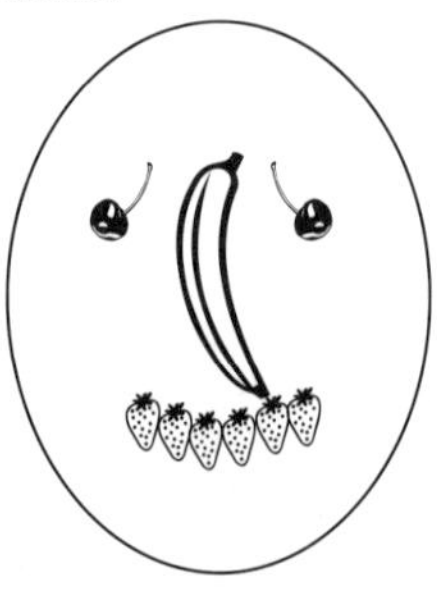

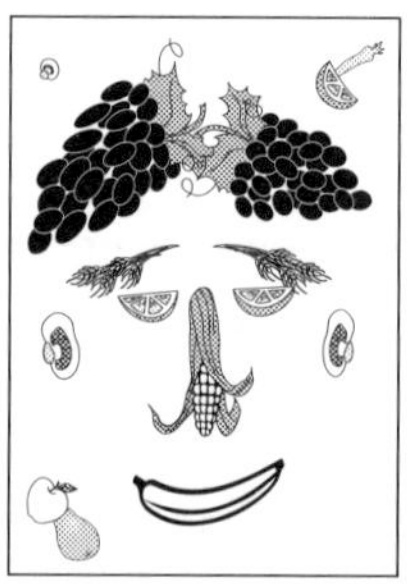

Gespräch über „Früchte als Nahrungsmittel"
Ein kurzes Gespräch zum Thema „Früchte als Nahrungsmittel" ist wichtig. Kinder sollen durch die hier vorgestellten Experimente nicht in Versuchung kommen, Nahrungsmittel wie z.B. Obst als Spielmaterial zu sehen. Im Gegenteil, sie sollen erfahren, daß jede Frucht etwas Besonderes ist, das geschätzt werden muß.
Gesprächsinhalt kann auch sein, wie lange der Weg ist, welche Kräfte in der Natur zusammenwirken müssen, damit wir Obst ernten und essen können, was wir meist als eine Selbstverständlichkeit betrachten.

Sinnesschulung mit Obst
Kinder erkennen durch Tasten und Schmekken die verschiedenen Früchte und lernen, die Geschmacksrichtungen mit Worten zu beschreiben.

Obst- und Gemüsetheater

Gemüse oder Früchte werden auf eine Gabel gespießt. Als Augen, Nase und Mund eignen sich Perlen, Knöpfe oder Stoffteile. Für die Haare kann man Wollreste, Bast oder sonstige Schnüre nehmen, die mit Stecknadeln an den Früchten befestigt werden. Keinesfalls Klebstoff verwenden, denn die Nahrungsmittel sollen anschließend noch zu essen sein.
Mit diesen Figuren spielen die Kinder, ähnlich wie beim Kasperltheater hinter einer

Bühne verdeckt, den vorher während der Betrachtung erarbeiteten Bildinhalt.

Modellieren von Obst
Aus verschiedenen Modelliermassen wie z.B. Pappmaché, Plastilin, Salzteig das Obst formen.
Salzteig kann auch mit Lebensmittelfarbe entsprechend eingefärbt werden.

Herstellen von plastilinähnlicher Knetmasse

Zutaten
400 g Mehl, 200 g Salz, 10 g wasserlösliches Alaun-Pulver (gibt es in der Apotheke)
3 Eßlöffel Öl, 1/2 Liter Wasser, Lebensmittelfarben.

Zubereitung
Die Kinder wiegen die Zutaten selbst ab und mischen Alaun mit Mehl und Salz. Das Wasser zum Kochen bringen, Öl und Farbe unterrühren. Die Flüssigkeit mit den festen Zutaten vorsichtig verrühren, bis die Masse lauwarm ist und durchgeknetet werden kann. Falls die Knete zu wenig geschmeidig ist, weitere Öltropfen einarbeiten.
In Frischhaltedosen oder Alufolie farblich getrennt aufbewahren.

Früchte aus Marzipan herstellen
Das Rezept reicht für 20 bis 24 Teile, je nach Größe.

Zutaten
1 kg Rohmarzipanmasse, 600 g Puderzucker, Lebensmittelfarbe (ausnahmsweise).

Zubereitung
Die Kinder dürfen mit Hilfe des Erziehers die Zutaten selbst abwiegen und Marzipan-Rohmasse und Puderzucker verkneten. Dabei ist es methodisch sinnvoll, das Rezept auf mehrere kleine Portionen aufzuteilen, damit z.B. fünf Kinder selbständig arbeiten können. Auch ist es für ein Kind alleine schwierig, die Menge des gesamten Rezepts zu verarbeiten. Die gut durchgeknetete Masse wird in kleine Portionen abgeteilt und verschieden eingefärbt. Die Lebensmittel-Farbe nur gering dosieren, ein Tropfen reicht meist. Die Kinder können nun nach Herzenslust ihre Früchte modellieren. Falls etwas von der Masse übrigbleibt, läßt sich diese durchaus länger aufheben. Am besten geht es, wenn man sie farblich getrennt in Alufolie wickelt.

Information für Erwachsene

Zu „Vertumnus" von Arcimboldo

Arcimboldo lebte von 1562-1587 als kaiserlicher Hofmaler in Prag. Wie Arcimboldo Rudolf II. versprochen hatte, malte er nach seiner endgültigen Rückkehr noch weitere Bilder für den Herrscher. Darunter ist eines, das von allen, besonders aber von Rudolf selber, hoch geschätzt wurde. Arcimboldo malte ihn, als Brustbild und von vorne gesehen, in der Gestalt des antiken Gottes Vertumnus, der bei den Römern der Gott der Vegetation und der Verwandlung war. Rudolf besteht ganz aus herrlichen Früchten, Blumen und Gemüsesorten, die gleichsam die vier Jahreszeiten darstellen. In „vollkommener Harmonie" sind Pflanzen des ganzen Jahres versammelt, um den Kaiser zu verherrlichen, der als Vertumnus wie ein Gott über sie herrscht. Dieses Bild stellt den Höhepunkt dar unter allen Werken, die Arcimboldo zum Ruhme Rudolfs II. und der anderen Habsburger Fürsten gemalt hat. Niemand hat das Bild besser gedeutet als sein Zeitgenosse und Freund Comanini, dessen Gedicht hierzu im Buch „Giuseppe Arcimboldo" von Werner Kriegeskorte, Benedikt Taschen Verlag (S. 44) zu finden ist.

Lebenslauf von Giuseppe Arcimboldo

1527 Giuseppe Arcimboldo wird in Mailand geboren. Sein Vater hieß Biagio Arcimboldo und war ebenfalls Kunstmaler.

1549 wird erstmals der Name Giuseppe Arcimboldo, als Mitarbeiter seines Vaters, in den Annalen der Mailänder Domwerkstätten aktenkundig.

1558 Arcimboldo beendet die Tätigkeit am Mailänder Dom und arbeitet für den Dom in Como.

1562 Arcimboldo wird als Portraitist und Kopist an den Kaiserlichen Hof nach Prag gerufen.

1563 Arcimboldo malt die erste Serie der „Jahreszeiten".

1565 Arcimboldo wird zum kaiserlichen Hof-Conterfetter ernannt.

1569 Arcimboldo überreicht Kaiser Maximilian die „Jahreszeiten" und die „Elemente". Hierzu schreiben Arcimboldo und Fonteo ein Gedicht.

1570 Arcimboldo gehört zu den Organisatoren und Ausführenden der Hochzeit von Elisabeth (Tochter von Kaiser Maximilian II.) mit Karl IX. von Frankreich.

1571 Arcimboldo gehört zu den Organisatoren und Ausführenden der Hochzeit von Erzherzog Karl mit Maria von Bayern in Wien.

1572 Arcimboldo fertigt Repliken der „Jahreszeiten" an.

1573 Arcimboldo malt eine dritte und vierte Variante der „Jahreszeiten". Maximilian II. ist sein Auftraggeber. Das Bild ist als Geschenk für den Kurfürsten von Sachsen gedacht.

1576 Kaiser Maximilian II. stirbt und Rudolf II. wird sein Nachfolger.

1580 Arcimboldo wird von Kaiser Rudolf II. in den Adelsstand erhoben.

1585 Arcimboldo schenkt Kaiser Rudolf II. Entwürfe von Kostümen und Kopfputz.

1587 Arcimboldo geht wieder nach Mailand zurück. Vom Kaiser wird er zum Dank für seine Dienste reich entlohnt.

1593 Arcimboldo stirbt in Mailand.

Giuseppe Arcimboldo wird wegen seines fantastischen Malstils als „manieristischer Zauberer" bezeichnet.

Bei den Habsburger Herrschern, zuerst bei Kaiser Ferdinand I. und später bei Maximilian II., war der vielseitig begabte Mann auch als Architekt, Bühnenbildner, Ingenieur, Wasserbautechniker und natürlich als Fachmann für Kunst tätig.

Arcimboldo entwickelte sich zum bedeutendsten Gestalter von Festen, Festspielen und von Turnieren in der Renaissancezeit.

7 ALEXEJ VON JAWLENSKY

Meditationen

„Das Gebet“ (1922)

„Meditation“ (1918), Städtische Galerie im Lenbachhaus, München

Einführung

Das Gesicht des Menschen sagt viel über sein Wesen aus. Wird ein Mensch angeschaut, so kann das positive wie negative Gefühle hervorrufen. Wie mich der andere ansieht, ist von wesentlicher Bedeutung: Es geht um mein Ansehen, um meine Person. Das eigene Identitätsgefühl wird durch das „Ansehen“ des anderen bestärkt oder in Frage gestellt.
So kann ein „positives Ansehen“ das eigene Selbstwertgefühl fördern und natürlich auch umgekehrt.
Das Gesicht gibt damit vieles über den Menschen preis, läßt Einblicke in sein wirkliches Sein zu. Das Gesicht des erwachsenen, reifen Menschen spiegelt die Entwicklung der Jahre wider, seine Geschichte ist darin „niedergeschrieben“. Das Gesicht des Kindes läßt seine Offenheit und Verletzlichkeit durchscheinen.
Durch das Malen von Gesichtern kann deshalb das „wesentliche Gewordensein“ des Menschen treffend dargestellt werden.
Auf den ersten Blick freilich wirken Jawlenskys Bilder „Meditationen“ auf den Betrachter, speziell auf Kinder, wie Masken. Eine Maske bleibt etwas Fremdes, geheimnisvoll Bedrohliches, wenn man sie nicht zum Leben erweckt. So bleiben auch diese Gemälde fremd und unheimlich für Kinder, wenn man sie nicht lebendig werden läßt. Bei den Vertiefungen, z.B. im Rollenspiel oder in einem Maskentanz, werden diese Bilder von den Kindern aus der Erstarrung gelöst. Im Spiel lassen die Kinder die andere Seite des Gesichts, der Maske lebendig werden und können dadurch auch Konflikte und Ängste verarbeiten.[17]
Für Jawlensky selbst hatten diese Gemälde allerdings eine ganz bestimmte Bedeutung:
„Als Siebzigjähriger malte Alexander *Jawlensky* 1934 die erste seiner Meditationen, der bis 1937 noch über 700 folgen sollten. ...
Jawlenskys Bewegungsfähigkeit wurde seit 1929 durch eine fortschreitende Arthritis deformans eingeschränkt. In einem Brief an den

[17] genauere Hinweise hierzu in SCHOTTENLOHER, Gertraud: „Kunst- und Gestaltungstherapie“, Kösel Verlag München, S. 71 f.

holländischen Maler und Benediktinerpater Willibrod Verkade, den er 1907 in München kennengelernt und mit dem er ein halbes Jahr zusammengearbeitet hatte, schrieb er 1938: 'Ich habe viele Jahre Gesichter gemalt. Ich saß in meinem Atelier und malte und mir war die Natur als Souffleur nicht notwendig. Mir war genug, wenn ich mich in mich selbst vertiefte, betete und vorbereitete in einen religiösen Zustand.'
Die gewaltige Zahl von über 700 Meditationen begründet die Annahme, daß Jawlensky durch Variationen möglichst viele, dem Menschen mögliche Erlebnisse und Erfahrungen im aktiven und passiven Sinn sichtbar machen wollte. Einer beschreibenden Deutung des eigentlichen Inhalts der Meditationen stand Biographisches lange im Wege. Wir wissen, daß Jawlensky als neunjähriges Kind von einer 'berühmten Ikone einer wundertätigen Muttergottes' – so formuliert er es in seiner knappen Selbstbiographie – tief beeindruckt war.
Im Gegensatz zur Ikone suchte er nach der Vielfalt, geradezu nach der Unendlichkeit des Ausdrucks. Für ihn war das Göttliche durch das künstlerische Schaffen im Kunstwerk präsent, nicht aber durch die göttliche Natur des Dargestellten."[18]
Jawlenskys Kommentar zu seinen Meditationen", der von ihm meist erst nachträglich angefügt wurde:

„Es war mir notwendig, eine Form für das Gesicht zu finden, da ich verstanden hatte, daß die große Kunst nur mit religiösem Gefühl gemalt werden soll. Und das konnte ich nur in das menschliche Antlitz bringen." (S. 26)

„Ich weiß doch, daß ich gute Kunst mache.
Ich habe sie in meiner Seele entdeckt
und nicht erfunden. Ich will nichts.
Ich will nur gute Kunst machen." (S. 30)

„Ich bin jetzt ganz vertieft in meine kleinen Köpfe. Die sind mir jetzt sehr lieb und sehr nach meiner Seele.
Sie sind sehr tief und religiös und sehr konzentriert im Gefühl." (S. 34)

„Und jetzt lasse ich diese meine kleinen Meditationen den Menschen, die Kunst lieben." (S. 60)

„Sagen Sie jedem, daß das kein Gesicht ist. Es ist das nach unten sich Abschließende, das nach oben sich Öffnende, das in der Mitte sich Begegnende." (S. 22)

Diesen Satz kann man wohl nicht anders deuten, denn als Hinweis auf die spirituelle Dimension des Menschen:

„Das nach unten sich Abschließende": der von der *nur* materiellen Selbst- und Weltauffassung sich abgrenzende Mensch.

„Das nach oben sich Öffnende": der sich der spirituellen und transzendenten Dimension öffnende Mensch.

„Das in der Mitte sich Begegnende": Der Mensch, der sich auf der mitmenschlichen Ebene dem Du aufschließt und so zu sich sel-

[18] Aus NAGEL, Wolfgang A. (Hrsg.): „Alexej Jawlensky – Meditationen", Die silberne Reihe, Peters Verlag Hanau, 1983, S. 9. Auf dieses Buch beziehen sich auch die Seitenangaben in Klammern bei den folgenden Zitaten.

„Das Gebet", Alexej von Jawlensky (1922)

ber findet, und in dieser Begegnung den transzendenten Ursprung aller Beziehung erfährt. In den Worten von Manfred Lurker[19]:

„Für viele ernstzunehmende Maler wird der Mensch zur Maske, hinter der sich die existentielle Erfahrung der Wirklichkeit verbirgt.“

Ziele der Bildbetrachtung

Die „Meditationen“ Jawlenskys sind Gesichter, die in einer reduzierten, vereinfachten Weise dargestellt sind. Ich möchte darin fast eine Parallele zur Kinderzeichnung sehen, die das innerste Wesen, die Seele des Kindes, oft so unmittelbar ausdrückt.

Wie Maria Montessori immer wieder herausgestellt hat, sind Kinder von Natur aus religiös und haben eine engere und natürlichere Beziehung zu einem höheren Wesen als viele Erwachsene. Ich denke, daß gerade deshalb diese Bilder Jawlenskys Kinder auf einer archetypischen Ebene besonders ansprechen, daß Kinder besonders für die vom Maler intendierte religiöse Ausstrahlung dieser Bilder empfänglich sein könnten.

Vordergründiger können bei einem Gespräch soziale und menschliche Aspekte berührt werden:

Die Kinder werden sensibilisiert, Gesichtsausdrücke und Gesichter in verschiedenen Altersstufen zu unterscheiden und dementsprechend zu reagieren. Während der Betrachtung erleben die Kinder auch im Ansatz die Bedeutung der intakten Sinne, versuchen, sich einzufühlen in die Situation derer, die behindert sind.

Auch Ängste der Kinder können beim Thema Maske verarbeitet werden, das Bedürfnis nach Schutz und Sicherheit kann angesprochen und aufgearbeitet werden.

Und es wird natürlich auch die Freude am Sichverwandeln, am Maskieren, am Hineinschlüpfen in andere Rollen lebendig werden. Je nach Verlauf des Gesprächs und je nach Betrachtungsschwerpunkt kann auch die Tatsache verschiedener Menschenrassen angesprochen werden, mit dem Ziel, daß alle Menschen, Gesichter letztlich gleichwertig sind.

Hinführung der Kinder zu unterschiedlichen künstlerischen Gestaltungsmöglichkeiten zum Thema „Gesicht“.

Bildbetrachtung

Vorbereitung

Raum vorbereiten (siehe S. 16f).

Material

Kunstdruck oder Dia besorgen,
Fotos von einem sehr alten Menschen und von einem Baby bereitlegen.

---

19 LURKER, Manfred: „Die Botschaft der Symbole“, Kösel Verlag München, S. 213.

Einstieg

Wählen Sie eine Einstiegsmöglichkeit aus dem 1. Kapitel (S. 18 f).

Durchführung

Beispielfragen
E: Was ist hier zu sehen, was ist das?
K: Ein Gesicht ...
E: Ist das ein normales Gesicht?
K: Nein, gemalt, Faschingsgesicht, Kunstwerk, Maske ...
E: Es könnte eine Maske sein, was könnte sich dahinter verbergen?
K: Kind, Baby, Mann, Frau ...
E: Wie könnte dieser Mensch dahinter wohl aussehen?
K: Jung, alt, lustig, frech, böse ...
E: Welche Hautfarbe könnte er haben?
K: Weiß, rosa, schwarz, braun ...
E: Was gehört alles zu einem Gesicht?
K: Nase, Mund, Augen ...

[Ein Kind darf aufstehen, die Nase auf dem Bild zeigen, jedes Kind darf seine Nase zeigen und eventuell auch dem Nachbarn auf die Nase tupfen.
Dasselbe dann wiederholen mit dem Mund usw.]

E: Es gibt Menschen, die nicht sprechen können, sie sind stumm. Macht alle jetzt einmal den Mund zu, und stellt euch ganz deutlich vor: Keiner von uns kann mehr sprechen. ... Wie könnt ihr euch nun, ohne zu sprechen, mit eurem Nachbarn verständigen? Ist das nicht schwierig?
K: Ja, da muß man mit den Händen Zeichen geben.
E: Habt ihr auch Augen? Macht einmal die Augen zu, was ist das für ein Gefühl? Wie ist das könnt ihr noch etwas sehen?
K: Nein, es ist dunkel ...
E: Es gibt Menschen, die nichts sehen, denen geht es immer so, wie euch jetzt. Für die ist es immer dunkel. Wie können wir diesen Menschen helfen?
K: Für sie etwas tun, ihnen über die Straße helfen.. .

[Nun Fotos, Bilder zeigen von einem sehr alten Menschen und von einem Baby und die Unterschiede herausarbeiten.]

E: Woran erkennt man, daß dieser Mensch jung, alt ... ist?
K: An den Falten, an den grauen Haaren, an den Augen ...
E: Warum verstecken sich die Menschen gerne hinter einer Maske?
K: Weil sie stark sein wollen, jemand anderer sein wollen, weil sie jemanden erschrecken wollen, schöner sein wollen als sie tatsächlich sind ...
E: Habt ihr euch auch schon einmal hinter einer Maske versteckt?
K: Ja, im Fasching, beim Theaterspielen, beim Sommerfest ...
E: Was ist das für ein Gefühl?
K: Schön, lustig, kratzig, unangenehm ...
E: Bei welchen Berufen verstecken sich Menschen hinter einer Maske?
K: Schauspieler, im Theater, im Fernsehen, Arbeiter ...

E: Ja, Arbeiter, die gefährliche Aufgaben haben, schützen sich.
Also, wenn die Menschen jemand anderer sein wollen, oder wenn sie sich vor etwas schützen wollen, benützen sie manchmal eine Maske.

Abschluß – Transfer

Wovor würdet ihr am liebsten eine Maske zum Schutz tragen wollen, damit euch niemand sieht, oder damit euch keiner etwas anhaben kann?

Die Kinder erzählen von ihren Ängsten, die danach auch im Malen noch einmal angesprochen und aufgearbeitet werden können.

Die Kinder finden einen Namen für die Maske, dabei darf jedes Kind einen anderen Namen finden, anschließend malen sie Masken mit Wachsmalkreiden.

Vertiefungsmöglichkeiten

Kinder malen Gesichter und Masken

Malen in Pastellfarben
In Anlehnung an das Gemälde werden beim Malen Pastellfarben verwendet. Soweit nicht schon geschehen, lernen die Kinder das Mischen, Abtönen mit Deckweiß.

Als Grundlage und Hilfe hierzu eignet sich sehr gut die Geschichte von Leo Lionni: „Das kleine Blau und das kleine Gelb“, Oetinger Verlag.
In dieser Geschichte erfahren Kinder in erster Linie, wie aus den Farben Blau und Gelb durch Vermischen Grün entsteht. Diese Erfahrung kann mit allen Farben weiterentwickelt werden. In diesem Fall ist es sinnvoll, mit Deckweiß zu mischen, um wieder einen Bezug zum Gemälde und den verwendeten Farben herzustellen.

Malen mit Tusche und Borstenpinsel
Die Kinder erfahren auf diese Weise, daß mit einfachsten Mitteln Gesichter dargestellt werden können und das Wiedergeben eines Gesichtsausdrucks, die Mitteilung von Stimmungen und inneren Verfassungen möglich ist. Hier zwei einfache Beispiele:

Gestalten von Masken

Formen von Masken aus Quarkölteig

Rezept
150 g Speisequark (Magerstufe), 6 EL Milch, 6 EL Speiseöl, 75 g Zucker, 1 Päckchen Va-

nillinzucker, 1 Prise Salz, 300 g Weizenmehl, 1 Päckchen Backpulver; zum Verzieren Mandeln, Nüsse und Rosinen.

Zubereitung
Quark, Milch, Öl, Zucker, Vanillinzucker und Salz in eine Schüssel geben und zu einem glatten Teig verrühren. Mehl und Backpulver hinzugeben und mit Knethaken weiterrühren, bis der Teig fest wird. Teig aus der Schüssel nehmen und mit den Händen weiterkneten, bis ein fester Kloß entsteht.
Nun werden von den Kindern Masken geformt, die dann mit Nüssen, Mandeln, Rosinen verziert werden. Die geformte Maske auf ein gefettetes Backblech legen und bei 150 Grad backen.

Kinder modellieren Masken aus Ton

Kinder gestalten Masken aus Pappe mit gesammeltem Silberpapier, Pailletten und Federn

Kinder malen Masken auf Papiertüten

Material
Papiertüte, Stifte, Schere.

Durchführung
Augen, Nase, Mund werden aufgezeichnet und ausgeschnitten.
Wichtig ist vorher ein Gespräch über das Aufsetzen von Tüten zum Spielen, wodurch klar wird, daß Plastiktüten gefährlich werden können, besonders dann, wenn sie keine Luftlöcher haben.

Kinder gestalten Masken aus Papptellern

Die Pappteller können mit verschiedenen Farben und Materialien (Stoff-, Fell-, Bortenreste, Papier, Perlen, Flitter usw.) beklebt werden. Augen, Nase, Mund aufzeichnen und ausschneiden, ein passendes Gummiband befestigen und fertig ist die Maske.

Kinder gestalten eine Maske aus Wellpappe

Wellpappe schneidet man sich entweder von Kartons und Verpackungsmaterial zurecht oder kauft sie von der Rolle im Fachhandel. Die Grundform der Maske bildet ein Zylinder, der auf den Schultern des Kindes sitzt. Augen, Nase, Mund werden am besten von den Kindern auf die entsprechenden Stellen skizziert und danach erst ausgeschnitten. Die weiteren Ausgestaltungsmöglichkeiten sind bestimmt durch den besonderen Charakter des Materials. Entsprechend den Quer- und Längsrillen oder der diagonalen Struktur der Wellpappe können Ornamente ausgeschnitten und aufgeklebt werden. Auf weitere Farbgestaltung kann man verzichten, das Material und seine Struktur ergeben hier einen eigenen Reiz.

Gipsmasken (Abdruck des eigenen Gesichts)

Ein Abdruck vom Gesicht ist nur für Kinder im Schulalter geeignet. Die jüngeren Kinder haben oft Angst. Hier kann die Maske von einem Perückenkopf aus Styropor oder von einem aufgeblasenen Luftballon abgenommen werden.

Material
Gipsbinden (gibt es in der Apotheke), Schere zum Schneiden der Binden, Badekappe oder Stirnband (um den Haaransatz zu schonen), Vaseline zum Eincremen des Gesichtes, Folien, Schürze oder Handtuch zum Abdecken des Oberkörpers, damit dieser nicht schmutzig wird, eine Schüssel warmes Wasser zum Eintauchen der Gipsbinden (warmes Wasser ist wesentlich angenehmer!).

Durchführung
Erst ist zu klären, ob bei dieser Maske der Mund geschlossen oder geöffnet dargestellt werden soll. Dann die Gipsbinden in ca. 10 cm lange Streifen schneiden, Badekappe oder Stirnband aufsetzen, das Gesicht mit Vaseline dick eincremen. Nun die Gipsbinden kurz in das warme Wasser tauchen und auf das Gesicht auflegen. Dabei soll jede Handlung mit erklärenden Worten begleitet werden, damit sich derjenige, der die Maske abgenommen bekommt, sicher und wohl fühlt. Für eine angenehme, entspannende Atmosphäre während dieser Aktion sorgt eine Kassette mit ruhiger Musik. – Fünf Schichten übereinander garantieren die Stabilität der Maske. Nach dem Auflegen der Streifen werden Unebenheiten verstrichen, dazu kann man ebenfalls ein Stück Binde benutzen, die ja etwas Gips abgibt. Die Maske mindestens fünf Minuten auf dem Gesicht trocknen lassen. Zum Abnehmen empfehlen Sie am besten dem Modell, Grimassen zu schneiden, denn so löst sich die Maske leichter. Jedes Kind, das Modell saß, wird fasziniert sein von seinem Abdruck. Gelegentlich wollen die Kinder auch

sofort in einen Spiegel schauen, vielleicht, um mit der Maske zu vergleichen oder, um zu sehen, ob das eigene Gesicht noch vorhanden ist.
Nun, bevor der Gips ganz ausgehärtet ist, sollten Löcher oder Schlitze für die Anbringung eines Gummibandes gemacht werden.
Falls man den Mund beim Abmodellieren geöffnet ließ und nun den Mund doch lieber geschlossen haben möchte, kann man diesen von der Rückseite der Maske mit einem Gipsstreifen „zukleben", dann schön verstreichen und etwas modellieren. Bei Masken, die später zum Spielen eingesetzt werden, müssen die Augen groß ausgeschnitten werden, damit das Sehfeld nicht eingeschränkt ist und sich die Kinder frei und sicher bewegen können.
Nach dem vollständigen Trocknen besteht nun die Möglichkeit, die Maske mit den verschiedensten Farben und Lacken zu bemalen oder mit den vielfältigsten Materialien, wie z.B. Federn, Perlen, Pailletten, Stoff-, Tüll- und Pelzresten auszugestalten.

Maskentanz

Eine Maske, das ist jedes vor dem Gesicht getragene Gebilde (oder auch eine Verhüllung des ganzen Körpers), das ein „magisches", personverwandelndes Hineinschlüpfen in ein anderes Wesen ermöglicht.
Ursprünglich wurde die Maske gebraucht bei kultischen Festbräuchen mit Tanz, Musik und Gesang und auch magischen Riten, mythischen Darstellungen. Die Maske ermöglicht heute wie damals ein Selbstvergessen, ein Loslassen der normalen Identität, befreit vom Zwang des Ichs, läßt mit anderen, bislang ungelebten und nun gestalthaft greifbaren Lebensprinzipien identifizieren. Gerade für gehemmte Kinder können Masken so ein sehr wichtiges Medium sein, um aus üblichen Verhaltensweisen herauszutreten: Das eigene, als negativ oder beschränkt empfundene Ich zu verstecken und ganz andere Verhaltensweisen zu offenbaren oder erproben zu können.
Zur Durchführung des Tanzes setzt das Kind seine Maske auf und hängt sich ein großes Tuch um. Dieses kann z.B. ein weißes oder ein gefärbtes Leintuch, oder Stoffbahnen aus alten Vorhängen und dergleichen sein. Die Kinder schreiten zur Musik durch den Raum, verbeugen sich langsam vor dem Publikum und stellen sich mit ihrem erdachten Märchennamen vor. Anschließend tanzen alle Kinder frei oder bewegen sich zu einfachen Tanzformen. Diese Aktion ist auch ein wirkungsvoller Auftritt für verschiedene Anläße und Feste.

Musikvorschlag: Musik von „Rondo Veneziano": Venezia 2000, LC 4554.

Weitere Anregungen

Gegenseitiges Schminken

Die Kinder dürfen sich selbst oder sich gegenseitig „maskenhaft" schminken.

Kinder experimentieren mit ihrer Mimik vor dem Spiegel

Der Spiegel sollte im Freispiel zu Verfügung stehen.

Mimikspiel
Ein Kind stellt eine Stimmung mit seinem Gesichtsausdruck dar, versucht also, traurig, lustig, neugierig usw. auszusehen. Die anderen erraten die Bedeutung.

Aus Kartoffelstempel Gesichter drucken.
Aus Kartoffeln werden Stempel in Form von Dreiecken und Rechtecken angefertigt. Diese bilden die Grundformen für das Drucken eines Gesichtes. Als „Stempelfarben" sind Plaka-Farben gut geeignet.

Gestalten von Masken mit Legematerial
Kinder legen aus „logischen Blöcken" oder aus Fröbel's Legeplättchen Masken oder ein Gesicht.

Besuch der Städtischen Galerie im Lenbachhaus, München
Genauere Hinweise hierzu im 2. Kap., S. 30.

Information für Erwachsene

Lebenslauf von Alexej von Jawlensky

1864, am 13. März wird Alexej von Jawlensky in Twer, Rußland geboren.
1874 Jawlensky übersiedelt nach Moskau und besucht dort das humanistische Gymnasium bis 1877.
1877 – 1882 Jawlensky besucht die Kadettenschule in Moskau (Militärdienst als Offizier).
1889 Jawlensky übersiedelt nach Petersburg und besucht dort die Akademie.
1896 Jawlensky zieht mit Marianne von Werefkin nach München. Besucht dort die Kunstschule Ažbè bis 1899. In dieser Zeit entwickeln sich enge Kontakte zu Kandinsky.
1903 Jawlensky reist nach Paris, in die Normandie, in die Provence und nach Berlin. Er nimmt am Pariser Herbstsalon teil, an der Münchner und Berliner Sezession.
1908 – 1910 Jawlensky verbringt längere Zeiten in Murnau mit Wassily Kandinsky, Gabriele Münter und Marianne von Werefkin.
1909 Jawlensky ist Mitbegründer der „Neuen Künstlervereinigung München".
1910 Jawlensky beteiligt sich an der zweiten Ausstellung der „Neuen Künstlervereinigung".
1911 Dritte Beteiligung an der Ausstellung. Jawlensky reist nach Paris und lernt dort Henri Matisse kennen.
1912 Jawlensky tritt aus der „Neuen deutschen Künstlervereinigung" aus, beteiligt sich an den Ausstellungen des „Blauen Reiters", lernt Emil Nolde kennen.
1913 Jawlensky nimmt am ersten deutschen Herbstsalon in Berlin teil.
1914 Jawlensky geht nach St. Prex in die Schweiz.
1917 Jawlensky übersiedelt nach Zürich und beginnt die „Heiligengesichte" zu malen.
1918 Jawlensky übersiedelt nach Ascona, wo sich zu dieser Zeit viele namhafte Künstler aufhalten.
1921 Jawlensky übersiedelt nach Wiesbaden. Er trennt sich von Marianne von Werefkin.

1922 Jawlensky heiratet Helene Nesnakomoff, die Mutter seines Sohnes.
1924 Jawlensky gründet mit Kandinsky, Feininger und Klee die „Blauen Vier".
1929 Jawlensky erkrankt an Arthritis deformans, erste Lähmungserscheinungen treten auf. Er ändert seinen Malstil.
1934 Jawlensky beginnt die „Meditationen" zu malen.
1937 Im Zuge der Aktion „Entartete Kunst" werden 72 Werke von Jawlensky aus den deutschen Museen beschlagnahmt.
1938 Jawlenskys Krankheit verschlimmert sich bis zur völligen Lähmung.

Am 15. März 1941 stirbt Jawlensky in Wiesbaden und wird dort auf dem russischen Friedhof beigesetzt.

Ergänzende Anregungen

Einzelne Bilder aus der Reihe „Meditationen" von Jawlensky können auch mit dem Schwerpunkt „Träume" erarbeitet werden. (Ein Bild trägt z. B. den Titel „Träumende".) Auch das Gemälde von *Paul Klee* „Das Auge", bietet reichhaltigen Stoff zum Thema „Gesichter, Masken, Sinne ..."

8 VINCENT VAN GOGH

„Sonnenblumen", Arles (August 1988), Neue Pinakothek München

Ziele der Bildbetrachtung

Die Kinder erfahren, was eine Pflanze zum Wachsen und Gedeihen braucht. Bewußt erleben sie die Bedeutung und den Nutzen der Sonnenblume für Mensch und Tier: Die Sonnenblume nimmt die Energie der Sonnenkraft auf, verwandelt diese, strahlt in ihrer Schönheit und trägt reiche Frucht. In der tiefenpsychologischen Symbolik steht *Sonne* für gebende, liebevolle, wärmende Ausstrahlung. Die Befassung mit der Sonnenblume bringt in Kontakt mit dieser „Sonnenkraft". Von hier aus kann eine Verbindung zum Thema „Geben und Nehmen" gefunden werden.

Hinführung der Kinder zur Kunst und Information über die Persönlichkeit des Malers.

Eine Kindergartengruppe vor dem berühmten Original.

„Vase mit Sonnenblumen“, Vincent van Gogh (1888)

Bildbetrachtung

Vorbereitung

Raum vorbereiten (siehe S. 16f).

Material
Kunstdruck oder Dia besorgen sowie Sonnenblumenkerne und ein Schälchen.

Einstieg

Die Kinder sitzen im Halbkreis auf dem Boden, formen die Hände zu einer Schale und schließen die Augen. Der Erwachsene legt jedem Kind einen Sonnenblumenkern in die Hände. Die Kinder befühlen nun diesen, sie öffnen auf Anweisung die Augen, betrachten den Kern und beschreiben seine Form, sein Aussehen, die Farbe, die Eigenschaften usw. Ein Kind sammelt nun die Kerne wieder ein. Der Erwachsene gibt den Hinweis, daß jedes Kind zum Schluß wieder einen Kern bekommt. Ein weiteres Kind darf die Vorhänge schließen. Wiederum ein anderes Kind darf den Projektor einschalten. Die Kinder wenden sich neugierig dem Dia zu und der Erwachsene beginnt mit gezielten Fragen die Erarbeitung des Gemäldes.

Durchführung

Beispielfragen
E: Was seht ihr hier auf diesem Bild?
K: Ein Gemälde, eine Vase mit Blumen, einen Blumenstrauß ...
E: Wißt ihr, wie diese Blumen heißen?
K: Sonnenblumen ...
E: Warum heißen die wohl Sonnenblumen, kann das jemand von euch erklären?
K: Weil sie wie die Sonne aussehen, ... weil sie sich nach der Sonne drehen ...
E: Was haben sie eurer Vorstellung nach mit der Sonne gemeinsam?
K: Die Strahlen, die Farbe, die Sonne ist auch gelb ...
E: Ja, ganz genau! Auch hat die Sonnenblume wie die Sonne im Sommer die meiste Kraft. Da wächst und wächst sie, bekommt starke Blätter und der innere Teil wird größer und größer. Was glaubt ihr, was da im inneren Teil der Blüte so wächst?
K: Die Sonnenblumenkerne ...
E: Was ist das, wie kann man dazu noch sagen?
K: Das ist der Samen der Pflanze, Vogelfutter ...
E: Wer weiß, wer diese Samen brauchen kann?
K: Die Vögel, die Vögel im Winter ...
E: Ja richtig! Für die Vögel ist das im Herbst und Winter das Futter. Aber wie kommen sie zu diesem Futter ?
K: Wir streuen das auf das Fensterbrett, wir legen es in das Vogelhäuschen im Garten, wir streuen es in das Futterhäuschen auf dem Balkon ...
E: Überlegt einmal ganz genau, wie könnten die Vögel in freier Natur zu diesen Körnern kommen, wenn ihnen die Menschen nun keine streuen?
K: Die Vögel fliegen zur Sonnenblume, zu den Feldern; zur Sonnenblume im Garten, die wir dort stehen lassen ...

E: Genau, die Vögel holen sich die Körner direkt von der Blume. Wer kann denn erzählen, wie das die Vögel so machen, wer hat das schon einmal beobachten können?

[Die Kinder beschreiben dies und erzählen von ihren Erlebnissen.]

E: Könntet ihr Kinder die Körner auch aus der Mitte herausholen? Überlegt einmal!
K: Ja!
E: Stellt euch einmal vor, ob das wirklich so geht. Wie groß ist die Blume? Steht einmal auf und zeigt mir das, wie hoch die Sonnenblumen wachsen!
Die Sonnenblumen können sehr hoch werden, – ich habe zwar noch keine so großen gesehen, aber in einem Buch steht, daß sie so hoch wie unser Zimmer werden können (bis zu drei Metern).
K: So hoch!?...

[Kinder staunen und freuen sich.]

E: Wie hoch könnten diese da in der Vase einmal gewesen sein? Überlegt einmal und zeigt mir das.

[Die Kinder zeigen die Höhe mit ihren Händen und recken und strecken sich.]

E: Schaut nun wieder die Sonnenblumen in der Vase an, sehen die alle gleich aus?
K: Nein, die sind braun, die anderen aber gelb!
E: Ein Kind darf aufstehen und die braunen zeigen, ein anderes die gelben Blumen.
E: Warum, glaubt ihr, sind die einen so braun, was haben die, was die gelben noch nicht haben?

K: Kerne, ... ja, Kerne vielleicht ...

E: Ja, die braunen haben schon die Kerne, die gelben sind noch in voller Blüte. Was glaubt ihr, warum der Maler diese großen Blumen abgeschnitten und in diese Vase gesteckt hat?

K: Damit die Wohnung schön ist, weil er sie mag, damit er sie malen kann ...

E: Ja, der Maler hatte diese Blumen oft in freier Natur gemalt. Dort auf den riesigen Feldern, wo die Sonnenblumen wachsen. Aber ihr müßt euch vorstellen, diese blühen nur im Sommer und in der großen Sonnenhitze hätte der Maler es nicht immer so lange aushalten können, bis das Gemälde fertig geworden wäre. Wenn er auf dem Felde malte, hatte er meist einen großen Strohhut auf, um sich vor der Sonne zu schützen. Er malte die Sonnenblumen jedoch unzählige Male und da hatte er sich diese sicher auch einmal zu sich nach Hause geholt, um ein Bild davon zu malen. Schaut einmal genau hin, wie hatte er sie in der Vase angeordnet, wie stecken sie in der Vase?

K: Die braunen Blumen links unten, die gelben oben ...

E: Wo schauen sie hin?

K: Zu uns, alle in dieselbe Richtung ...

E: Ja, wie in der Natur auch, sie schauen alle in dieselbe Richtung, nämlich zur Sonne.

E: Seit einiger Zeit gibt es auch in manchen Gegenden bei uns Sonnenblumenfelder. Was glaubt ihr, warum so viele Sonnenblumenfelder angelegt werden, wozu sie der Mensch braucht?

Denkt einmal an euere Mutter, wozu braucht diese etwas von den Sonnenblumen im Haushalt?
K: Sonnenblumenöl ...
E: Ja, richtig, aus den Körnern wird Öl gepreßt, und wozu verwendet man das?
K: Zum Kochen ...
E: Genau, zum Kochen, aber auch zur Herstellung von Sonnenblumenmargarine.
Der Bäcker braucht auch Sonnenblumenkerne. Wofür, was glaubt ihr?
K: Für Brot, für Brötchen ...
E: Wir werden in den nächsten Tagen auch Sonnenblumenbrötchen backen und wer mag, darf sich sein Brötchen mit Sonnenblumenmargarine oder mit Butter bestreichen. Dann gibt es ein kleines Festessen.
K: Oh ja, toll, super, die esse ich gerne ..., ich mag das aber nicht essen ...
E: Wer das nicht mag, muß es ja nicht essen, aber vielleicht mag er es auch nur probieren.

Abschluß und Transfer

E: Kinder, wie findet ihr das von der Sonnenblume? Sie blüht den ganzen Sommer in voller Pracht, wir freuen uns über ihren Anblick, über die herrlichen Blüten und die Größe. Ja, und im Herbst gibt sie ihre Samenkörner her, sie schenkt sie den Vögeln und uns.
Ist das nicht ein Glück? Sie bekommt etwas von der Natur, nämlich Wasser und Sonnenkraft und läßt daraus etwas Neues entstehen, das sie nicht für sich behält, sondern verschenkt. Wenn wir an das alles denken, was könnten wir der Sonnenblume nun sagen?
Die Kinder finden zum Abschluß Worte der Freude, des Staunens, des Dankes ...
Für den Kunstdruck wird jetzt gemeinsam ein Platz gesucht.
Den Kindern wird mitgeteilt, was nun im Anschluß oder in den nächsten Tagen noch alles zu diesem Thema stattfinden wird.

Vertiefungsmöglichkeiten

Sonnenblumen – Händedruck

Material
Fingerfarben, große Bögen Papier zum Bedrucken (DIN A2 oder noch größer).

Durchführung
Die Kinder malen sich gegenseitig mit den Händen (Pinsel kitzelt zu sehr) die Handinnenflächen und Finger an. In Form einer Sonnenblume werden diese dann auf dem Papier abgedruckt. Die Finger ergeben die Strahlen, die Handflächen den Samenstand der Blüte.
Diese Aktion eignet sich für alle Altersstufen!
Ebenfalls reizvoll als Gemeinschaftsarbeit: Viele Hände drucken eine Blume. Dabei können auch mehrere Abdrücke übereinander gemacht werden.

Sonnenblumen malen

– mit Fingern und Fingerfarbe auf ein großes Blatt Papier.

- mit dicken Pinseln und Brilliantfarben (z.B. auch Gold und Silber) auf Karton oder starkem Papier.
- mit Fenster- oder Brillantfarben auf Fenster.

Körnerbilder gestalten

Medaillons mit Muster zum Aufhängen
Die Kinder zeichnen auf Pappkarton ovale oder runde Medaillonformen auf, die sie dann auschneiden. Als erstes wird mit einer Nadel ein Loch durch den Karton gestochen und eine Schlinge als Aufhängung angebracht. Auf beiden Seiten wird nun von den Kindern der Karton mit Sonnenblumenkernen in einem Muster ihrer Phantasie beklebt.

Variante
Die Kinder kleben graphische Muster aus Sonnenblumenkernen auf ein Holzbrett oder auf starken Karton in einem größerem Format.

Sonnenblumentanz

Vorbereitung
Wählen Sie eine passende Musik aus den angegebenen Beispielen im Kapitel 1 (S. 19).

Durchführung
Die Kinder stehen in der Mitte des Raumes und stellen die Sonnenblumen dar. Ein Kind spielt die Sonne, wandert als Sonne um die Gruppe herum und wendet dabei immer das Gesicht zur Gruppe hin. Die Sonnenblumen-Darsteller drehen sich analog mit; sie wenden – wie die Sonnenblume – immer ihr Gesicht der Sonne zu.

Bewegungs-Übung „Samsara – Geben und Nehmen“

Die Meditation[20] besteht aus vier Phasen, die zur Musik mit entsprechenden Bewegungen und „Tönen“ durchgeführt werden:

1) Sich einstimmen in die Vielfalt der Natur
2) Sich dem Licht, der Sonne öffnen
3) Das Geben und Nehmen im Leben erfahren
4) Entspannungsphase

Für Kinder eignet sich besonders die Kurzform für den Alltag.
Damit die Übung für Kinder nicht zu lang wird, reicht es meist, auch bei der Kurzform, sich nur auf eine oder zwei Phasen zu beschränken.

Sonnenblumen legen

mit Legematerial (Körner und Papierstreifen, oder mit Legeplättchen) und Musik von der Kassette.

Sonnenblumen – Würfelspiel

[20] Aus PERTLER, Reinhold: Bewegungsmeditation „Samsara – Geben und Nehmen“ (Kassette mit Anleitungsheft), Relaxed Music, Christian Huber, 8031 Maisach.

Dies ist kein Wettspiel, wie es bei den meisten Würfelspielen üblich ist, sondern ein Gestaltungsspiel. Gemeinsam wird die Sonnenblume vervollständigt. Jeder trägt etwas zur Gestaltung der Sonnenblume bei, wie ja auch in der Natur das Wachsen und Reifen der Sonnenblume durch das Zusammenwirken vieler Faktoren geschieht.

Material
Ein stärkeres Blatt Papier oder Karton, Buntstifte, Würfel.

Herstellung
Der Erwachsene oder die Kinder malen auf das Papier eine große Sonnenblumenblüte, in die Mitte einen Kreis für die Kerne, der aber noch nicht mit Kernen ausgemalt werden soll, außen herum dann die Blütenblätter, die auch gleich gelb angemalt werden. Die Zeichnung kann nun auch noch ausgeschnitten werden.

Spielanleitung
Mehrere Kinder würfeln reihum. Die Anzahl der gewürfelten Punkte ergibt die Anzahl der Sonnenblumenkerne, die mit einem Farbstift in die Mitte der Blüte gemalt werden.
Das Spiel geht so lange, bis kein Kern mehr hinzugemalt werden kann. Die Kinder sollen das auch selbst entscheiden lernen.

Weitere Anregungen

Sonnenblumenkörner aussäen

Sonnenblumenbrötchen backen

Sonnenblumenkerne rösten und essen

Sonnenblumenblätter trocknen und mit den Kindern „Sonnenblumen-Tee“ kochen

Sonnenblumenstrauß
Sonnenblumen in eine Vase geben und neben das besprochene Sonnenblumengemälde von van Gogh stellen.

Literaturhinweis für zusätzliche Anregungen
Viele gute Anregungen, wie zum Beispiel Gedichte, Lieder und Geschichten zum Thema Sonnenblume finden Sie im Buch: Barbara Cratzius, „Herbst im Kindergarten“, Herder Freiburg.

Besuch der Neuen Pinakothek, München
Betrachtung des Originals: „Sonnenblumen“ von *Vincent van Gogh,* Arles 1888. Sie finden das Gemälde dort im Raum 19.

Information für Erwachsene

Zur Sonnenblume
Die Sonnenblume ist eine einjährige Pflanze. Im Frühjahr werden die Körner ins Freie gesät. Sobald die Pflänzchen einige Zentimeter gewachsen und kräftiger geworden sind, müssen sie auseinander gesetzt werden. Sonnenblumen brauchen viel Platz, um sich entwickeln zu können. Aussäen ist aber auch in

eine Schale im Raum möglich, später werden die Pflanzen dann in die Wiese gepflanzt. Sonnenblumen gedeihen im Topf nicht sehr gut. Auf Feld und Wiese können sie bis zu drei Metern hoch werden; ihre Blütenköpfe wachsen bis zu einem Durchmesser von 20 bis 50 cm. Die Sonnenblume ist eine Nutzpflanze, aus ihren Körnern wird Vogelfutter und Öl gewonnen.

Lebenslauf von Vincent van Gogh

30. März 1853 Van Gogh, Vincent, Willem, wird in Groot-Zundert bei Breda geboren.
Juli 1869 bis April 1876 Tätigkeit als Kunsthändler im Kunsthaus Goupil, Den Haag.
1876 Theologiestudium, das aber wieder abgebrochen wird – anschließende Tätigkeit als Sozialarbeiter.
1886 Vincent van Gogh beginnt zu malen.
1888 Van Gogh geht nach Arles und will mit Paul Gauguin eine Künstlerkolonie gründen. Im Dezember Verstümmelung seines rechten Ohres.
1889 Van Gogh kommt in die Heilanstalt Saint-Rémy-de-Provence.
1890 Van Gogh geht nach Auvers. Eine kurze produktive Schaffenszeit folgt. In sechzig Tagen malt er siebzig Bilder.
1890 Am 29. Juli: Selbstmord in Auvers-sur-Oise durch Schuß in die Brust.

In der Wohnung seines Bruders Theo in Paris soll van Gogh jede Woche einen Blumenstrauß gemalt haben, den er zuweilen von seinen Malerfreunden geschenkt bekam.
Die „Sonnenblumen“ aber sind in freier Natur, in den Feldern um Arles, entstanden. Im Brief 539 an seinen Bruder Theo schreibt Vincent van Gogh:
„Die Natur ist hier so außerordentlich schön! Überall ist das Himmelsgewölbe so wunderbar blau, die Sonne verbreitet einen Glanz von blassem Schwefel, so lieblich und mild, wie die Verbindung himmlischer Blau- und Gelbtöne bei Vermeer. Ich kann nichts ebenso Schönes malen, aber es absorbiert mich völlig, daß ich mich gehenlasse, ohne an irgendwelche Regeln zu denken.“[21]

„Das bin ich wirklich, aber ich bin wahnsinnig!“ hat van Gogh vor seinem Sonnenblumengemälde ausgerufen. Ein Jahr später äußerte er:

„So war ich wirklich, zum äußersten erschöpft, von Elektrizität geladen.“

[21] Aus BRAUNFELS, Wolfgang: „Vincent van Gogh. Ein Leben in Einsamkeit und Leidenschaft“, Deutsche Buchgemeinschaft Berlin, S. 26.

9 BESICHTIGUNGEN VON GALERIEN UND HEIMATMUSEEN, SCHLÖSSERN UND KIRCHEN

Den kunsthistorischen Schatz der kleinen Stadt Murnau, das Gabriele-Münter-Haus, haben Sie bereits im Kapitel 2 kennengelernt. Die Möglichkeit, Kinder Kunst in der näheren Umgebung erleben zu lassen, gibt es aber vielleicht auch an Ihrem Wohnort.
Gerade in den letzten Jahren waren viele Gemeinden aktiv und richteten kleine Galerien und Heimatmuseen ein, in denen sicher das eine oder andere Gemälde auch beachtenswert für Kinder wäre. Vielerorts entstanden auch Außenstellen oder sogenannte Zweigstellen des Bayerischen Nationalmuseums München.
Mit diesem Buch möchte ich nicht den Eindruck erwecken, man müßte Kinder immer nur mit großen Malern konfrontieren. Kunsterfahrung kann sich auch in unmittelbarer Umgebung, mit weniger berühmten Malern, vollziehen. Von diesen Malern, die aus der Heimat des Kindes stammen, leben manchmal noch Verwandte, Freunde, ehemalige Hausangestellte oder Nachbarn in der Nähe. Vielleicht könnten Sie diese einladen und bitten, über den Künstler und seine Lebensweise zu erzählen. Für die Kinder und natürlich auch für Sie, ist das sicher ein interessantes Erlebnis.

Ein Besuch im Atelier eines zeitgenössischen Malers hinterläßt bestimmt einen bleibenden Eindruck bei den Kindern. Möglicherweise können Sie einen Kontakt zu einem Künstler herstellen und eine Besichtigung seines Ateliers organisieren. Und denken Sie auch an die Möglichkeit, daß vielleicht sogar der Vater oder die Mutter eines Kindes aus Ihrer Gruppe oder Klasse ein Kunstmaler ist.

Portraits bedeutender Persönlichkeiten

In Heimatmuseen und Schlössern findet man häufig Portraits von bedeutenden Persönlichkeiten der Umgebung, meist von Herrschern dieses Landstriches.
Ein Portrait ist ein Bild, auf dem Kopf und Oberkörper einer Person dargestellt sind. Der Charakter der Persönlichkeit wird durch Körperhaltung, Gesichtsausdruck aber auch Attribute unterstrichen. Solche Attribute sind etwa bei einem König Krone und Zepter, bei einem Gelehrten ein Buch und ein Federkiel. Auch die Farbe der Kleidung – bei Herrschern häufig rot, bei geistlichen Würdenträgern violett (kardinalrot) – spielt eine Rolle und vervollständigt sozusagen das Portrait.

Herrscher, wohlhabende Künstler und Bürger bestellten früher Portraits bei sogenannten Portraitmalern. Der Maler berücksichtigte die Vorstellungen und Wünsche der Auftraggeber. Deshalb sind diese Personen meist in voller Schönheit dargestellt, also nicht unbedingt so, wie es der Wirklichkeit entsprach.

Zur Durchführung

Zu Beginn der Betrachtung sollte der Begriff „Portrait (s. oben) erarbeitet und geklärt werden.
Kinder können nun lernen, aus dem Gesichtsausdruck, aus der Körperhaltung etwas abzulesen. Die ausdrucksvollsten Körperteile sind Gesicht und Hände. Ein Gesicht kann sehr vieles ausdrücken, auf mehreren Ebenen erfaßt und gedeutet werden (siehe hierzu im Kapitel „Jawlensky", S. 81 ff). Die Kinder überlegen, was der Dargestellte nun denken und fühlen könnte. Sie beschreiben diese Haltungen und ahmen sie nach. Auch auf die Symbolik der Haartracht sollten Sie eingehen. Ein Herrscher hat niemals kurze Haare und sehr oft eine Perücke auf. Nun wird erarbeitet, woran man erkennt, daß hier z.B. ein König dargestellt ist, was die Attribute, die Farbe und Art der Kleidung, der Schmuck bedeuten. Somit erfahren die Betrachter etwas über die Symbolik auf Gemälden.
Als Einblick und Anregung hierzu eine kurze Übersicht über die symbolische Bedeutung der häufigsten Farben:

Weiß: ist die Summe aller Farben, eigentlich keine Farbe, weist deshalb auf das Nichts hin, die Reinheit, das Ursprüngliche, das Göttliche, die transzendente Vollendung. Weiß ist jenseits aller Formen und Farben, ohne Konturen, das unterschiedslos Reine.
Die in allen Lebenserscheinungen gegebene Polarität von Plus und Minus, Yin und Yang, Anregung und Beruhigung wirkt auch in den Farben.

Rot, Orange, Gelb sind anregend, dynamisierend, warm und aktiv.

Blau, Violett, Braun, Schwarz sind beruhigend, verinnerlichend, passiv, absorbierend.

Grün verbindet, liegt also in der Mitte zwischen Abstrahlen und Absorbieren, wirkt dementsprechend „verbindlich", ist so die „Kontaktfarbe", steht für Freundlichkeit, Liebenswürdigkeit, Entgegenkommen („jemandem grün sein"), aber auch Unerfahrenheit, Jugendlichkeit („noch grün hinter den Ohren sein"), das Lebendige, Wachsende. Das helle Grün zeigt hierbei den neuen Anfang, das frische Leben, die Freundlichkeit, die Sympathie, die Hoffnung, die Freude und das Gedeihen; das „giftige", eher bläuliche Grün steht für Wechsel, Vergänglichkeit, Eifersucht.

Schwarz als Gegenpol zu Weiß steht für Tod, Zerstörung, das Dunkle, Leere, Böse, Egoistische, die Trauer, Depression, den Kummer, aber auch positiv für die dunkle Nacht, das Sterben des Ichs, den Tod der Person im religiösen, mystischen Sinne.

Silber ist die Farbe des *Mondes,* des Empfangenden, des Weiblichen, Widerspiegelnden, in Reinheit sich Öffnenden.

Braun steht für Erde, Materie, Entsagung der Welt, Buße, Erniedrigung, Schmutz, aber auch für positive Erdverbundenheit, einen realistischen Lebenssinn.

Grau kennzeichnet das Unbeteiligtsein, Sichausschließen, die Asche, die Abtötung, die Buße, das Depressive, aber auch das Graueintönige der nur intellektuellen Welterfassung, das Verkopftsein.

Gelb symbolisiert als *Hellgelb* Intellekt, Beweglichkeit, die gesteigerte Tätigkeit des Verstandes, aber auch Vermittlung, Geschäftigkeit, Kommunikation, Kontakt (ohne besondere Gefühlsbeteiligung).
Goldfarbenes Gelb verknüpft das Denken mit *Gold,* dem Symbol des göttlichen Geistes, symbolisiert also Weisheit, heilige, göttliche Intuition. *Dunkles* Gelb dagegen weist auf schlechten Gebrauch der Verstandeskräfte hin, also auf Neid und Verrat, Begriffsverdrehung und ähnliches.

Gold steht für Sonne, das Strahlende, Geist, Wahrheit, Leben, Unsterblichkeit, Gegenwart des Göttlichen.

Rot in scharfer Tönung bedeutet Grausamkeit, Blut und Eisen, Krieg, Angriff, Feuer, Zorn und Rache. Als warmes Rot ist diese Farbe ein Hinweis auf das *Leben* durch Wärme, durch die *Kraft* und die Ausstrahlung des Geistes, die sich als *Liebe* manifestiert.

Orange ist eine Mischung aus Rot und Gelb. Flamme, Feuer, Liebe und Verstand, Intellekt, Kommunikation wirken zusammen, symbolisieren (ausgestrahlte) Weisheit, darüber hinaus nicht die naiv-unerfahrene, sondern die aus einem geistigen Verstehen strahlende Freundlichkeit gegenüber allen Lebewesen.

Blau weist hin auf Glaube, (seelische) Tiefe, Weisheit, Ruhe, ganz besonders auf das „in Ruhe und Schweigen" entstehende „innere Schauen" der Lebenszusammenhänge. *Blau* kann aber auch für Kühle und Abweisung stehen.

Purpur ist die Farbe der Könige, Kaiser, Kardinäle, Priester. Sie zeigt Macht, Stolz, Erhabenheit, tiefe Weisheit, verbunden mit Autorität, oder aber die Kräfte der Unterwelt.

Violett steht für das in der Natur unbedingt notwendige Stirb und Werde, Trauer, Tod, Umwandlung, den Abstieg in die Hölle (liturgische Farben in der „Fasten- und Adventszeit").

Weitere Hinweise auf Symbolik kann man entsprechenden Lexika entnehmen. Hier eine Auswahl:

Lurker, Manfred: „Die Botschaft der Symbole", Kösel München. (Hinweise auf die Farben hier im Kapitel „Am farbigen Abglanz haben wir das Leben", S. 141)

Forstner, Dorothea: „Neues Lexikon christlicher Symbolik", Tyrolia Innsbruck.

Sachs, Hannelore / Badstübner, Ernst / Neumann, Helga: „Wörterbuch zur Christlichen Kunst", Dausien Verlag Hanau.

Cooper, J. C.: „Illustriertes Lexikon der traditionellen Symbolik", Drei Lilien Verlag Wiesbaden.

Bauer, Wolfgang / Dümotz, Irmtraud / Golowin, Sergius: „Lexikon der Symbole", Fourier Verlag Wiesbaden.

Weitere Themen

Auf Bildern in Heimatmuseen sind oft die einfachen Menschen, Kaufleute, Handwerker und Bauern bei der Arbeit dargestellt. Manchmal sind auch auf diesen Gemälden Gerätschaften abgebildet, mit denen früher mühselig die Arbeit bewerkstelligt wurde.
In früheren Zeiten war genau vorgeschrieben, was die einzelnen Schichten und Stände an Kleidung tragen durften oder etwa auch, wie sich eine z.B. Witwe zu kleiden hatte.

Die Kinder erfahren hier neue Begriffe und vieles über das Leben unserer Vorfahren, auch über aus heutiger Sicht unnötige Beschränkungen oder kastenartiges Denken und ähnliches.

Vertiefungsmöglichkeiten

Das Museum malen

den Spaziergang oder die Fahrt dorthin.

Portraitmalen

Die Kinder betrachten sich erst im Spiegel. Ihr Aussehen, die Haar- und Augenfarbe usw. werden besprochen, anschließend malen die Kinder ihr Portrait. Dann wird der Begriff Attribut wiederholt und die Kinder finden für sich auch ein Attribut oder Symbol und malen es dazu.

Die Kinder portraitieren sich als König oder Königin.
Für diese Portraits können die Kinder Rahmen aus Goldfolie gestalten. Die fertigen Werke werden aufgehängt und so entsteht eine eigene Galerie.

Kinder produzieren ihre Malfarben selbst

In früheren Zeiten mußten sich viele Maler die Farben selbst herstellen, es gab sie nicht einfach überall zu kaufen.

Zu diesem Thema läßt sich sehr gut folgendes *Bilderbuch* einsetzen:
„Tiziano", Text von Arnim Diel, Bilder von Sakari Nomura, Dr. Hans Peters Verlag 1988.
In diesem Bilderbuch wird beschrieben, wie Tiziano als kleiner Junge auf die Idee kam, Maler zu werden. Text und Bilder zeigen auf, wie Tiziano selbst Farben aus Blüten herstellte, da es diese in seinem kleinen Dorf gar nicht zu kaufen gab und wunderschöne Bilder damit malte.

Rezept für Kleisterfarben

Material
Farbpigmente, Tapetenkleister, Gefäß und Stöckchen zum Anrühren der Farben, ausgediente Gläser mit Schraubverschluß zum Abfüllen.

Farbpigmente
sind erhältlich im Malerfachgeschäft, im Geschäft für Künstler-Malbedarf oder in alternativen Läden (Bioläden). Das sind mineralische Farben in den Grundtönen sowie in Schwarz, Weiß und Braun.
Darauf achten, daß die Pigmente giftfrei sind!

Bindemittel
In diesem Fall verwenden Sie Tapetenkleister, je nach Wunsch dickflüssig oder dünn angerührt.

Herstellung
Den Tapetenkleister nach Packungsangabe anrühren, Farbpigmente mit wenig Kleister vermischen, erst nach und nach mehr Kleister unterrühren, damit sich keine Klumpen bilden. Das Zugeben von Kleister solange fortsetzen, bis die gewünschte Intensität der Farbe hergestellt ist. Die einzelnen Farben in je ein Schraubglas abfüllen und durchziehen lassen.

Eitempera

Je nach Experimentierlust können Sie mit den Kindern auch Eitempera herstellen:
Pigmente mit nur wenig Wasser anrühren. Ein Ei wird gut durchgeschlagen, anschließend durch ein Sieb passiert und unter die Farbpigmente gerührt.

Farbpigmente selbst herstellen

Ganz in Anlehnung an die Bilderbuch-Geschichte des kleinen Tiziano können Sie mit den Kindern auf Farbpigmentsuche gehen und anschließend Farben selbst herstellen.

Beispiele
Gelb, Ocker aus Zwiebelschalen
Orange aus Karotten
Grün aus Spinat
Rot aus rote Beete
Blau, Lila aus Blaukraut

Die jeweilige Gemüsesorte wird gekocht, der Sud wird anschließend durch einen Kaffeefilter gegossen und danach mit Ei oder Kleister angerührt.

Schwarz gewinnen Sie aus Holzkohle und Braun aus verschiedenen Erdsubstanzen.
Kohle wird mit dem Mörser zerrieben und mit Bindemittel angerührt. Erde, hier können Sie

mit den Kindern erst einmal auf Entdekkungsreise gehen, gibt es in rot, braun, gelblich, und schwarz usw.

Die Erde verrühren Sie gut mit wenig Wasser, diese dann eintrocknen lassen. Die trockene Erde mit dem Mörser gut zerreiben und mit Bindemittel anrühren.

Rezept für Wasserfarben
Bunte und weiße Tafelkreiden, ca. 2 EL Speiseöl; ein Becher und ein Kochlöffel, besser: eine Schale mit Mörser.
Die Kreide (natürlich jede Farbe separat) wird in kleine Stücke gebrochen, dann wird sie zerstoßen, bis sie zu einem feinen Pulver geworden ist. Nach und nach wird das Öl hinzugegeben und solange verrührt, bis die Farbe schön glatt ist.

Besuch von Ausstellungen

In vielen Kleinstädten und mittelgroßen Städten gibt es mehrmals im Jahr Ausstellungen von namhaften Künstlern, die für einige Wochen dort installiert sind. Hier gilt es nur, den Ausstellungszeitpunkt rechtzeitig in Erfahrung zu bringen, um die Kinder entsprechend auf die Besichtigung vorbereiten zu können. Meist weist die Tagespresse schon früh genug darauf hin und gibt auch inhaltliche Informationen.
Fast in jeder Stadt werden Führungen zu diesen Ausstellungen angeboten, z.B. von Kunstvereinen, vom Veranstalter selbst oder von Volkshochschulen. Diese wahrzunehmen bietet Ihnen eine gute und schnelle Einstimmung und Vorbereitungsmöglichkeit für eine anschließende Aktion mit den Kindern.

Besichtigung von Kirchen

Gotteshäuser bieten in der Regel eine Fülle von Material, um Kindern Kunstgemälde im Original und auch lebendig erfahrbar werden zu lassen. Hinzu kommt die Möglichkeit, religiöse Erfahrungsbereiche bei den Kindern anzusprechen.
Die sehr großen Gemälde in der Kirche, gehalten von prunkvollen Rahmen, machen auf die Kinder meist großen Eindruck. Neben den Ölgemälden bieten auch oft die in Pastelltönen gehaltenen Fresken, meist gerahmt durch Stukkatur, Motive zur meditativen Betrachtung mit Kindern.
Als Fresco bezeichnet man Wandmalerei auf nassen Kalkputz mit Kalkfarben, die beim Erhärten eine feste Bindung mit dem Malgrund eingehen.

Zur Malweise
Die Ölgemälde sind meist in dunklen Farben gehalten, die Fresken in zarteren Pastelltönen. Gehen Sie auf die Unterschiede in der Malweise, auf die Intensität der Ölfarben und auf die Leichtigkeit der Freskenfarben ein.
In manchen Kirchen sind Fresken zu finden, die nur in einer Farbe mit verschiedenen Abstufungen gemalt sind. Das nennt man ein „Grisaille“ oder eine „Rötelzeichnung“. „Grisaille“ ist Malerei in grauen, auch bräunlichen, grünlichen Farben, insbesondere für die Darstellung von Skulpturen.

„Rötel" (Rotstein, Rotocker, Eisenrot) ist ein aus Gemischen von feinschuppigem Roteisenstein (Hämatit) mit Ton oder Kreide bestehender, weicher und gut abfärbender (Pigment) Farbstoff von bräunlich-roter Farbe. Als Farbstoff schon in der Steinzeit verwendet; wird zu Stangen oder Minen gepreßt und in Form von Rötelstiften zum Zeichnen benützt.[22]
Für ältere Kinder könnte das eine gute Anregung sein, später auch selbst einmal mit nur einem Farbton und dessen Variationen zu malen.

Inhalt und Themen von Gemälden in Gotteshäusern, Kirchen
Die Themen der Gemälde beziehen sich auf Heiligendarstellungen und Legenden, die für die Kinder von religiöser und auch heimatkundlicher Bedeutung sind.
Szenen aus dem Alten und Neuen Testament, also biblische Themen und Darstellungen aus dem Leben Jesu, oft auch aus der Kindheit Jesu, eignen sich, um Kinder an „sakrale" Kunst heranzuführen und den Bezug zu Religion und christlichem Brauchtum zu schaffen.

Betrachtungen

Diese Betrachtungen eignen sich ganz besonders zu den jeweiligen Festen und Ereignissen im Kirchenjahr und Jahresfestkreis, in Kindergarten, Schule und Elternhaus.

Vorbereitung
Unterlagen zur Vorbereitung für den Erwachsenen liegen in sehr vielen Kirchen in Form von Broschüren auf, die inhaltlich auf die Entstehung des Gotteshauses und auf das eine oder andere Gemälde eingehen.
Sicher gibt Ihnen der ansässige Pfarrer oder Pastor auch gerne Auskunft – oder übernimmt sogar einmal eine Führung durch die Kirche und bespricht mit Ihnen und den Kindern ein Gemälde. Ferner hilft zur persönlichen Vorbereitung das Nachlesen der dargestellten Szenen in der Bibel.

Beispiel „Verkündigung"
Eine häufige Darstellung in Kirchen ist die der „Verkündigung". Meist ist sie als Altarblatt oder auch als Deckengemälde vorzufinden.
Als Hauptfiguren agieren der Engel Gabriel und die Hl. Maria.

Durchführung
Die Kinder beschreiben zunächst die Darstellung mit ihren eigenen Worten (die meisten Schulkinder erkennen sicher die Szene vom Religionsunterricht). Die Begriffe wie „Engel" und „Verkündigung" werden erarbeitet, z. B. die Merkmale, woran man einen Engel und die heilige Maria in der Darstellung erkennt. Hierzu wird die Kleidung der Figuren besprochen, die Anordnung der beiden zueinander, die Körperhaltung. Der Gesichtsausdruck sollte genau beschrieben werden. Eine Beispielfrage: „Sieht man in unserer wirklichen Umwelt solche Gesichter?" – Sicherlich nicht, diese Gesichter sind sehr fein, ebenmäßig, rein, vollkommen in ihrer Schönheit und im Ausdruck. Es sind irgendwie fremde Gesichter, die aber in der Gesamtdarstellung als Persönlichkeit erkannt werden.

---
[22] Aus „Meyers großes Taschenlexikon" Bd. 9 und 24.

Zum Schluß wäre es passend, die Erzählung in der Kirche noch einmal vorzulesen oder vorlesen zu lassen. Die Darstellung könnte man fotografieren, gemeinsam mit den Kindern zum Entwickeln und Abziehen bringen und natürlich zuhause einen geeigneten Platz für die Fotografie suchen.

Variation
Engel gibt es in allen Religionen und Kulturen, nicht nur in der christlichen Überlieferung. Ein Hinweis darauf kann für ausländische Kinder mit anderer Religion wichtig sein.
In den Engeln werden die schützenden, führenden, helfenden und tröstenden Kräfte Gottes verkörpert. Nach christlichem Verständnis sind Engel von Gott geschaffene Wesen, die im Unterschied zu den Menschen nicht an ihren Leib gebunden sind. Dies äußert sich auch in der Form der Darstellung, wo Engel als geflügelte Boten Gottes erscheinen. Ihre Aufgabe besteht darin, den Menschen Kunde über die Eigenschaften Gottes und seine Beziehungen zu den Menschen zu geben.
Im Alten und im Neuen Testament werden über dreihundert Mal Engel erwähnt. So ist es nicht verwunderlich, daß Künstler zu zahllosen Darstellungen von Engeln inspiriert wurden.
In jeder Kirche finden Sie die Darstellung von Engeln in den verschiedensten Variationen. Auch ein Gemälde, worauf nur ein Engel abgebildet ist, könnte für eine Betrachtung ausreichen und für die Kinder einen interessanten Gesprächsstoff geben. Das Aussehen des Engels hebt sich durch die meist schwebende Erscheinung und vor allem durch die Flügel von anderen Gestalten ab. Sehr häufig findet man auch auf der Darstellung der Geburt Jesu einen Engel abgebildet, der den Hirten die frohe Botschaft verkündet – eine gute Möglichkeit für eine weitere Betrachtung.

Weitere Anregungen

Die Kinder malen die Kirche

Die Kinder gestalten Engel

aus verschiedenem Sammelmaterial (Goldfolie, Tortendeckchen, Borten, Federn usw.)

Kinder modellieren Engel

Kinder gestalten eine Collage
Engel aus verschiedenen Gold- und Silberfolien.

Engel aus Mürbteig backen

Kinder malen auf Karton einen Engel nach ihren Vorstellungen und schneiden ihn aus.

Der Engel wird dann als Model bzw. Schablone für den Teig verwendet. Die Kinder schneiden die Umrisse mit einem Messer nach.

Rezept
Zutaten für den Mürbteig:
500 g Mehl, 175 g Zucker, 1 Prise Salz, 1 TL Zimt, 2 Eier, 250 g Margarine und etwas Mehl zum Ausrollen.

Zutaten für die Verzierung:
Zuckerguß: 2 Eiweiß, 400 g Puderzucker, Lebensmittelfarbe.

Liebesperlen in verschiedenen Farben, vor allem in Gold und Silber, Zuckerblümchen.

Zubereitung des Teiges:
Mehl auf die Arbeitsplatte sieben und in die Mitte eine Vertiefung drücken. Zucker und Salz hineingeben. Ein Ei in einer Tasse verquirlen und in die Mitte geben. Die sehr kalte Margarine mit dem Messer in kleine Stückchen schneiden und auf den Mehlrand geben. Nun die Zutaten in der Mitte verrühren, dabei schon etwas Mehl untermischen. Dann mit beiden Händen die Zutaten kräftig vermischen und gut durchkneten. Den Teig zu einer Rolle formen und verpackt im Kühlschrank eine Stunde kalt stellen. Backblech einfetten und mehlen, oder mit Backtrennpapier belegen. Danach Teig ausrollen, die Engel mit der Schablone ausschneiden, auf das Backblech legen und 10 bis 15 Minuten bei 200 Grad, Gasherd Stufe 3, backen. – Die Engel auf Kuchengitter auskühlen lassen.

Zuckerguß-Zubereitung:
Mit dem Handrührgerät Eiweiß steif schlagen, den gesiebten Puderzucker unterrühren, bis ein dicker Guß entsteht. Die gesamte Menge auf mehrere Schälchen aufteilen und mit verschiedenen Lebensmittelfarben einfärben. Anschließend den Guß in Spritzbeutel füllen. Falls kein Spritzbeutel vorhanden ist, kann man diesen leicht selbst dadurch herstellen, daß man in die Spitze eines Gefrierbeutels ein ganz kleines Loch schneidet.

Verzierung:
Die Kinder können nun nach ihren Ideen den Engel mit Zuckerguß „anmalen" und nach Herzenslust prächtig mit Perlen verzieren.

Informationen für Erwachsene

Viele wesentliche Informationen kann man sich aus einschlägigen Lexika besorgen.
Hier als Beispiel einige Zitate zum Thema „Engel":

„Verkündigung"
„Lk 1,26-38, schildert den Besuch des Erzengels Gabriel bei Maria in Nazareth. Er verkündet ihr die Geburt eines Sohnes, den sie als Jungfrau vom Heiligen Geist empfangen werde und den sie Jesus nennen solle. Er werde „ein Sohn des Höchsten" genannt werden ..."[23]

Darstellung der Verkündigung in der Kunst:
„Der Engel Gabriel (meist mit Stab) tritt zu Maria, die am Betpult kniet; von der Hand

[23] Aus SACHS / BADSTÜBNER / NEUMANN: „Wörterbuch zur christlichen Kunst", Dausien Verlag Hanau, S. 354.

Gottes fließen Strahlen, auf denen die Taube des Hl. Geistes herabschwebt.“[24]

„Engel“:
„... zu griechisch ángelos „Bote“, Bote und Diener Gottes, Mittler zwischen der Gottheit und den Menschen. Die Engel sind der Gottheit, der sie dienen und in deren Nähe sie weilen, untergeordnet, stellen aber die höchste Stufe der Schöpfung in personaler Gestalt dar. Sie gelten nicht als völlig körperlos, sondern als Gestalten mit einem Körper aus Licht ...“[25]

„Engel“:
Engel, göttliche Boten. Geflügelte himmlische Boten gab es schon bei den Sumerern, Babyloniern, Ägyptern, Griechen und Römern. Als Siegesboten – Niken und Viktorien – traten sie meist in weiblicher Gestalt auf.[26]

Darstellung in der christlichen Kunst:
„Die christliche Kunst stellt den Engel in den ersten Jahrhunderten als ungeflügelten Mann dar, seit dem 4. Jahrhundert meist als geschlechtsloses Wesen mit Flügeln und Heiligenschein.“[27]

---

[24] Aus „Meyers großes Taschenlexikon“, Bd. 23, S. 14
[25] ebd., Bd. 6, S.14

[26] Aus SACHS / BADSTÜBNER / NEUMANN: „Wörterbuch zur christlichen Kunst“, Dausien Verlag Hanau
[27] ebd.

10 WEITERE GEEIGNETE GEMÄLDE, ERGÄNZENDE LITERATUR

Weitere Gemälde

Folgende genannte Gemälde sind ebenfalls gut für die Betrachtung und Erarbeitung mit Kindern geeignet. Die Themenvorschläge nennen mögliche Gesprächsinhalte, die wie in den vorangegangenen Bildbetrachtungen erarbeitet werden. Vertiefungsmöglichkeiten können je nach Thema und Situation ausgewählt werden. Variable Anschauungsbeispiele liefern hierzu die entsprechenden Abschnitte in den Kapiteln zwei bis acht.

Paul Gauguin „Die Mädchen von Avignon"

Themenvorschlag:
1. Die Kinder haben sich verlaufen, in der Stadt, in einem Kaufhaus; sie haben die Eltern aus den Augen verloren, sie haben Angst. Was tun? Verhaltensmöglichkeiten, Hilfen für die Kinder in solch einem Fall können hiermit gut erarbeitet werden.
2. Die Kinder werden von Fremden angesprochen und eingeladen, mitzugehen. Wie sollen sich die Kinder in diesem Fall verhalten? Lösungsmöglichkeiten erarbeiten.

Franz Marc „Reh im Wald"

Themenvorschlag:
Alleinsein, Für sich sein.

Franz Marc „Blaues Pferd" – „Träumendes Pferd", 1913 Marc Chagall „Der Traum", 1927

Themenvorschlag:
1.Träume und Traumwelt des Kindes.
Wovon träumt ihr in der Nacht? Welche Träume gibt es da: schöne, traurige, verrückte, Angstträume. Die Kinder können ihre Träume, die sie erlebten und die sie noch beschäftigen, thematisieren und verarbeiten.
2. Diese Gemälde können für die Kinder Anlaß sein, eigene Traumvorstellungen, Wünsche und Sehnsüchte auszudrücken und zu verarbeiten. In der Traumwelt ist meist alles anders als in der Realität, hier finden sich leichter Lösungen für Probleme, die den Kindern als Hilfen gegeben werden.

Wassily Kandinsky „Eisenbahn bei Murnau“, 1909/10

Themenvorschlag:
1. Abschied nehmen, Trennung, Abschiedsrituale, Trost des Wiedersehens. (Müssen die Kinder nicht täglich Abschied nehmen von ihren Eltern...?)
2. Gesprächsinhalt kann die Vorbereitung auf einen Ausflug sein. Oder eine kleine Reise mit der Eisenbahn wird wiedererlebt.

August Macke „Blondes Mädchen mit Puppe“

Themenvorschlag:
Die Bedeutung und Rolle einer Puppe wird dem Kind vermittelt.
1. Die Puppe schenkt Schutz und Geborgenheit, sie gibt dem Kind eine Identifikationsmöglichkeit und die Chance, eigene Erlebnisse mit der Umwelt oder den Eltern zu verarbeiten.
2. Das Kind hat die Möglichkeit sich mit der Mutterrolle zu identifizieren und arbeitet unbewußt die Beziehung zur Mutter, die diesbezüglichen Emotionen und Konflikte auf.

August Macke „Großer Zoologischer Garten“, 1912

Themenvorschlag:
1. Vorbereitung oder Verarbeitung eines Zoobesuches.
2. Besprechung von exotischen und heimischen Tieren.

August Macke „Indianer auf Pferden“

Themenvorschlag:
Gespräche über andere Völker und ihre Lebensweise am Beispiel der Indianer.

Marc Chagall „Der Bäcker“, 1911/12

Themenvorschlag:
Der Beruf des Bäckers wird gemeinsam besprochen.
Die Arbeit und Leistung des Handwerkers, die uns täglich von großem Nutzen ist, wird vergegenwärtigt.

Marc Chagall „Bauernleben“, 1925

Themenvorschlag:
Gespräch über die Arbeit und Leistung des Bauern, über die Bedeutung für uns angesichts dessen, daß wir täglich, ohne groß über die Herkunft nachzudenken, die fertigen Produkte ganz selbstverständlich im Laden kaufen.

Marc Chagall „Der Clown auf dem Pferd“, 1927

Themenvorschlag:
Vor- und Nachbereitung eines Zirkusbesuches. Der Charakter und die Bedeutung der Clownfigur.

Marc Chagall „Der Hahn“, 1929

Themenvorschlag:
1. Freundschaft
2. „Traumwelten – Märchenwelten“ (z. B. „Bremer Stadtmusikanten“; auf einem Hahn reiten können)

Marc Chagall „Der Traum“, 1927

Themenvorschlag:
„Traumwelt“ oder „Welt verkehrt“.

George Braque „Der schwarze und der weiße Vogel“

Themenvorschlag
1. Erarbeitung der Gegensätze und der Symbolik von Schwarz und Weiß, Gut und Böse.
2. Hell und Dunkel, Licht und Schatten.
3. Rassenproblematik.

Weitere Bilder von Paul Klee

Zur Bildbetrachtung mit Kindern kommen ebenso gut in Frage:

„Marionettentheater“, 1923
Thema Theater, besonders geeignet nach einem Theaterbesuch oder einer Theateraufführung in der Gruppe.
„Die Zwitschermaschine“, 1922
passend für das Thema Musikerziehung, Geräusch-Instrumente
„Der Vogel Pep“, 1925
Thema Natur und Artenschutz
„Clown“, 1929
Thema Maske, Zirkus, Fasching

Ergänzende Literatur

SEITZ, Rudolf: „Kunst in der Kniebeuge“, Don Bosco Verlag München

WOLFFHARDT, Barbara: „Kinder entdekken das Museum“, Kösel Verlag München

Bildnachweis

Wassily Kandinsky (1866 - 1944)
Reitendes Paar, 1907
Öl / Leinwand, 55 x 50,5 cm
München, Städtische Galerie
im Lenbachhaus
Foto: Joachim Blauel – Artothek

Paul Klee (1879 - 1940)
Der goldene Fisch, 1925
Öl / Aquarell / Pappe, 49,6 x 62,2 cm
Hamburg, Kunsthalle
Foto: G. Westermann – Artothek

Claude Monet (1840 - 1926)
Seerosen (Nymphéas), 1918 / 21
Leinwand, 140 x 185 cm
München, Neue Pinakothek
Foto: Joachim Blauel – Artothek

Pablo Picasso (1881 - 1973)
Kind mit Taube, 1901
London, National Gallery
Foto: Archiv für Kunst und Geschichte,
Berlin

Giuseppe Arcimboldo (1527 - 1593)
Der Sommer, 1563
Lindenholz, 67 x 50,8 cm
Wien, Kunsthistorisches Museum
Foto: Photobusiness – Artothek

Alexej von Jawlensky (1864 - 1941)
Das Gebet, 1922
Öl / Pappe, 40 x 30 cm
München, Städtische Galerie
im Lenbachhaus
Foto: Joachim Blauel – Artothek

Vincent van Gogh (1853 - 1890)
Vase mit Sonnenblumen, 1888
Leinwand, 91 x 72 cm
München, Neue Pinakothek
Foto: Joachim Blauel – Artothek

Kinder ganzheitlich fördern

138 Seiten, Zeichnungen und Fotos, kartoniert,
ISBN 3-7698-0811-8

Cordula Pertler / Reinhold Pertler

Kinder erleben Märchen

Methoden und Ideen

Märchen spielen eine wichtige Rolle in der pädagogischen Arbeit und im Elternhaus:
Sie helfen dem Kind, mit geheimen Hoffnungen, Ängsten und Wünschen umzugehen und eine Lösung von Krisen zu erfahren.
Dieses Buch bietet eine Fülle von Anregungen, wie Märchen nicht nur erzählt, sondern auch in kreativen Ausdrucksformen spielerisch umgesetzt werden können: Malen, Rollenspiel, Figuren- und Schattenspiel, Lieder und bildnerisches Gestalten mit den verschiedensten Materialien.

168 Seiten, 200 farbige Abb., gebunden
ISBN 3-7698-0812-6

Rudolf Seitz

Was hast du denn da gemalt?

Wie Kinder zeichnen und was Eltern, Erzieherinnen und Lehrkräfte dafür tun können

Mein Kind kritzelt nur! – Warum malt es nur Kopffüßler? – Warum ist das Gesicht der Freundin grün gemalt?
„Vom Kritzelalter bis zum 12. Lebensjahr" betrachten interessierte Eltern die Ergebnisse ihrer zeichnenden Kinder.
In 66 überschaubaren Kapiteln gibt ein erfahrener Kunstpädagoge klare, praktikable Antwort auf konkrete Fragen und zeigt anhand von 200 Bildbeispielen die Entwicklung der kindlichen Bildsprache auf.